KB203226

대승불교 점심

大乘佛敎 點心

대승불교 점심

〈증보판〉

법장 화정 지음

운주사

서문

인간은 오관과 의식의 구조는 동일하나 각자의 생각이나 생김새, 행동 등이 다 다르다. 그것은 각자 생각과 말과 행동으로 익힌 습관과 업에 따라 그 과보도 다른 것이다.

처음 불교에 입문할 때는 부처님께서 모든 재앙을 다 소멸해 주시고 행복하게 해 주실 것을 기대하며 절에 나온다.

부처님의 거룩하신 말씀에서 모든 생명은 스스로 고통과 행복을 창조한다는 것을 배운다. 단 부처님 가르침대로 실천하여, 모르고 창조해 놓은 오늘의 고통과 불행을 행복한 습관으로 바꾸어 가면 모든 재앙은 사라지고 행복이 시작된다.

거룩한 부처님을 믿으며 거룩한 가르침을 배우며 거룩한 가르침을 실천하는 스님을 따라 삼보님께 귀의하는 것이 불교다.

나 혼자 부처님 가르침을 실천하는 것을 소승불교라 하며, 가족과 이웃, 우리 모두 부처님 말씀을 실천하는 것을 대승불교라 한다.

눈먼 거북이가 고통의 바다에서 부처님 말씀이라는 뗏목을 만나 눈을 뜬 후 뗏목을 타고 육지에 이르러 모래에 알을 낳는 것처럼, 그동안 부처님 말씀대로 실천한 내용과 그 기쁨을 모아 『대승불교大乘佛教 점심點心』을 출판하게 되었다.

우리는 어떤 일을 하다가 힘이 들고 남이 알아주지 않으면 도중에 쉽게 포기한다. 익혔던 습관인 내 마음과 습관화된 말버릇과 잘못된 행동 그 자체를 업신業身이라 한다. 반면 새롭게 시작하는 마음, 새롭게 시작하는 말과 행동을 정사유正思惟·정어正語·정업正業이라 한다.

나 혼자 삼업三業을 청정히 하고 팔정도八正道를 익혀 나가는 것을 성문승聲聞乘이라 하며, 팔정도八正道 수행이 익숙해지면 모두가 함께 언행일치言行一致를 생활화하는 것을 대승성문大乘聲聞이라 한다. 언행일치의 생활이 서로의 인연 속에서 남의 허물이 눈에 띄고 자기는 익숙해졌다고 생각할 때 연각수행緣覺修行을 하게 된다. 가까운 인연일수록 집착이 깊고 욕망이 크며, 상대에 대한 기대와 소망으로 인해 마음의 상처가 깊어진다.

이제 상대의 허물로 자신을 돌아보는 '거울 수행'이 되어야 한다. 상대가 고치기를 바라는 집착의 무거움을 느끼게 되면 '저울 수행'으로 본인을 달아 보기 시작한다.

스님 말씀대로 내가 상대의 허물을 볼 때 그도 내 허물을 본다. 오직 그들에게 필요한 사람이 되기 위해 수행해야 한다는 말씀이다.

그 수행이 익숙해지니 기회가 왔다. 아무리 하려고 해도 수행이 잘 안 된다고 남편이 말을 걸어온다. 평소 골만 내고 저 잘났다고만 하던 아들도 내 품에 안긴다. 서로 필요한 사람의 자리에 앉고 보니 행복하다. 어찌 돈으로 이 행복을 사겠는가?

거울 수행과 저울 수행이 익숙해지면 상대에게 필요한 사람으로 살 뿐이다. 잔소리는 배려로, 소망은 비움으로 수행하여 가족의 중심이 된다. 비운 마음은 반야의 지혜로 인연연기因緣緣起를 관하게 되니 소승연각小乘緣覺의 수행이 마쳐진다. 대승연각大乘緣覺의 수행을 시작하니 우리 가족은 어느 사이에 수행자들이 사는 수행처가 되었다.

우리들이 익힌 습관의 윤회에서 벗어나 언행일치를 실천하니 친구들 사이에 믿음을 얻었고, 엄마를 닮아서 얼굴이 크다며 불평하던 딸도 이제 회사에서 예쁜 아가씨 대접을 받고 있다. 그리고 공부하기 싫어하던 막내도 자신이 전생에 술을 많이 마셔 공부하기 싫어한다는 것을 스님의 법문을 듣고 알게 되어 열심히 공부한다.

이제 가족들은 근기에 따라 성문수행聲聞修行을 한다. 함께 시작한 딸은 벌써 대승성문大乘聲聞 수행으로 회사에서 신뢰를 얻어 진급이 되었고 동료들의 상담사가 되었다.

우리 가족은 한마음을 이루었고, 어떤 어려움도 인연연기법因緣緣起法으로 해결할 수 있게 되었다.

삼보님께 귀의한 이 행복, 이 기쁨을 우리 가족만 누릴 수 없기에 보리살타의 원을 세운다.

말이 아닌 감화로 과거 업에서 나오게 하니 큰 사랑〔大慈〕이요, 업을 바꿀 때까지 함께하며 기다리니 대비〔大悲〕다. 이것이 대자대비심大慈大悲心의 수행이다.

한 가족의 행복에서 이웃과 함께 행복을 이룬 이 순간 부처님께 진정한 대승보살 서원을 세우는 불공을 올리게 되었다.

부처님 말씀을 실천하는 불자 가정에서 이웃까지 함께 부처님 말씀으로 한 가족이 되었다. 처가와 친척들도 우리 가족을 부러워하며 『천수경』을 외운다.

이제 내 욕심을 버린 그 자리가 포교요 수행이며 행복이다.

나의 대상을 용서하는 산골 자비수는 나와 경계가 공하여 하나를 이루었으며, 십일면十一面 시냇물 자비수 수행 정진은 가족과 이웃이 하나 되는 자비수행 정진으로 우리 가족의 부족함을 이웃이 채워주고, 이웃의 모자람을 우리 가족이 채워서 한 가족이 된다.

42수 강물 자비수행은 나라와 하나 되는 수행을 이루고, 천수천안 대자대비의 바다 수행은 지구촌과 하나 되는 수행을 이룬다. 본체실상本體實相과 현재 연기緣起하는 생활이 둘이면서 하나요, 하나면서 하나가 아닌 세계, 대승불교의 꽃 화엄의 세계를 나투니 불국정토를 이루게 되었다.

아무런 지식도 능력도 없는 이 수행자가 오직 부처님만 믿고 욕심 버린 한 생각으로 대승불교 공업共業을 성취하고 보니 결정된 운명도 바뀌는 것을 알게 되었다.

힘이 없어도, 가진 것이 없어도, 지식이 없어도, 욕심 버리는 수행을 하면 반야般若의 지혜智慧를 얻을 수 있으며, 박복해도 행복할 수 있는 부처님의 가르침을 이 땅에 전하고자 한다.

소승불교 수행

대승불교 수행

불자의 편지

반야의 사공들

理事無碍法界 修行錄

誕 生

祖母因緣 誕申家　　父親業力 知無常

母親果報 學人生　　相逢緣起 觀未來

彷 徨

言行不同 無信賴　　因緣不調 無安住

心身疲困 無休息　　情緒不安 求方法

逢佛法

正直人生 如何哉　　宗教訪問 求方法

前生因緣 逢佛法　　出離苦海 尋師父

出 家

父親外道 知無常　　逢明星師 出發京

道中逢僧 到平澤　　落髮染衣 出家也

行 者

心身慾望 拘束者　　他人煩惱 不解脫

發心行者 落信心　　佛法布教 無知者

發心

佛陀引導 明法寺　主客顚倒 修行處
發心行者 菩提心　廻光返照 淨土願

初學

正直執着 煩惱苦　實踐修行 必須哉
要求恩師 入講院　同年二十 入禪院

死病

言行一致 重病故　京大學病 決定死
臟器寄贈 入內科　放精神科 不定死

逢聖師

無名無着 逢禪師　如何佛道 修行也
戒行淸淨 守正直　然後世上 容恕也

上氣病

修行執着 得上氣　話頭自體 上氣病
五停心觀 數息觀　上氣病苦 回復也

我空

言行一致 守正直　至極精誠 拈話頭
行住坐臥 不動心　唯話頭哉 無六根

修行

非必是習 易果報　是受用非 始是也
善惡曲直 前不異　相對絶對 始解脫

侍奉

看經歸本寺 老師後辭任　靈隱庵歸也 孫亦爲出發
而道門法師 結心寺獻供　老師易出意 老孫成佛事

理法界

要求眼球 如布施　明往道見 華嚴經
無眼不明 如何導　大乘修行 必慧眼

事法界

明法寺址 市公園　陽城李氏 宗中山
寺刹建物 無許可　再建築法 無法令

土窟

尋土窟往道 車故障見修　復修理要求 僧不知車哉
後車念下車 車在十三人　爲由車落谷 憫衆生作窟

見性

心不全症 絶呼吸　曲不藏直 通話頭
忘病見性 證圓潭　爲延佛事 棄保任

小乘三不能

無緣衆生 無濟度　　決定運命 無逆轉

衆生界而 無盡爲　　修小乘無 滅共業

大乘三能

理事無碍 無三不能　　決定運命 幸福逆轉

因緣有無 因果同時　　自他不異 佛性同體

理事無碍法界

心空成事 始行法　　感動宗中 喜捨地

修行漸次 成建築　　理事無碍 曼陀羅

預修齊

修行精進 預修齋　　不見不知 信心銘

三祖僧璨 同一體　　四十九日 說法門

保任

佛事終了 圓潭曰　　裸身地臥 弟子曰

本來無臥 昇降哉　　於一物在 不師父

政治

野黨五十 同前政　　淸淨宗團 失秩序

新聞呼訴 求宗事　　國民不懺 絶供養

事事無碍法界

成事我事 成寺事　成事寺刹 成宗事
成事宗團 成國事　成事國家 成世界

實 相

事事無碍 修行相　地方行政 同國政
市長拘束 束統領　實相法華 求統領

法 空

有眼不見 無我相　有耳不聞 無法相
理事法界 現國土　世宗文化 終哀愍

大乘修行

貪慾殺我 谷水觀音　殺生周邊 溪十一面
眞實殺生 江四十二　殺慈悲心 海千手眼

原 力

龍城遺訓 十事目　道文法師 大願力
四部大衆 奉佛事　大韓民國 佛國土

傳 法

前日有事 不受法　今日終齊 對靈師
無傳無受 傳法頌　同一師弟 薦度齊

點心

雙龍壽宴 同日時　信徒信心 同一體

求苦求難 觀自在　衆生供養 同佛供

淨土

佛心道文 遺訓實現　法藏和靜 大乘點心

範熏首席 耳根圓通　遇汪洋海 入溜滴內

現蓮華

同一宇宙 身口意　同聞緣薩 成一乘

緣起實相 不二門　因果同時 現蓮華

탄생

祖母因緣조모인연 誕申家탄신가

父親業力부친업력 知無常지무상

母親果報모친인과 學人生학인생

相逢緣起상봉연기 觀未來관미래

아버지의 본관은 고령 신申으로 함자는 대우이며, 어머니는 경주 이씨 상희(불명 고불심)이다.

나는 위로 딸 셋과 아래로 아들 셋 중 둘째 딸로, 1950년 9월 14일 청주시 남주동 1가에서 태어났다. 할머니께서는 득남에 대한 간절한 바람을 담아 남동생을 보라는 뜻으로 신남식申男植

이라는 이름을 지어 주셨다.

아들에 대한 여망과 꿈이 딸이 되어 태어났으나 그 기쁨은 아들과 조금도 다르지 않았다. 덕분에 아들 딸 구별 없는 다정 다복한 가정에서 성장하였다.

할머니께서는 독실한 불교신도로 불공을 드릴 때는 항상 택미를 하셨다. 우리 육남매는 둥근 밥상에 둘러앉아 쌀과 뉘와 돌을 골랐다.

이때 할머니의 가족사 이야기가 시작된다.

할아버지 함자는 신택휴이며 할머니는 이기하(불명 수선화)이다.

할머니 말씀에 따르면, 아버지의 고향은 충북 청원군 가덕면 향정리이다. 우리 가족은 남선불당 신도로서 불공을 올릴 때면 소 구루마에 쌀가마니를 가득 싣고 공양을 올렸다고 한다. 하지만 지금은 가운이 쇠하여 한 말의 쌀밖에 공양을 올리지 못하므로 더욱 정성을 들여야 한다며, 두 무릎을 꿇고 기도하는 마음으로 정성을 들여야 한다고 강조하셨다.

할아버지께서는 고을의 대부였으며 부지런한 분이셨다고 한다.

첫 딸인 고모님을 낳자마자 유모를 두고 바로 다음 출산 준비를 하게 하실 만큼 아들을 기다리셨으나, 다음에도 또 딸을 낳으셨다. 어린 두 딸을 유모 손에 맡겨야 했던 할머니는 자식을 품에 안아 키우고 싶다고 할아버지께 애원하셨다고 한다.

비록 할아버지께서 원하던 아들은 아니었지만 여자들도 배워야 한다며 고모님들을 위해 독선생님을 모시고 사서삼경까지 가르치셨다.

그 후 그토록 바라던 아들을 얻었으나 그 기쁨도 오래가지 않았다. 대 홍수가 나서 큰 들 전체가 떠내려가는 것을 보신 할아버지는 병을 얻어 결국 돌아가시게 되었다고 한다.

할아버지께서 돌아가신 후 할아버지의 형제들은 날마다 노름을 일삼아 사채 빚까지 지게 되었다. 늘어가는 노름빚을 감당할 수 없어 그 많던 재산은 다 흩어지고 가세는 점점 기울어져 갔다. 결국 할머니는 두 딸을 결혼시킨 후 빈털털이가 된 채 큰아들과 일곱 달 된 유복자만 거느리고 청주로 이사를 하였다.

할머니는 재산을 버려서 전생에 지은 빚을 다 갚았더니 일곱 달 된 유복자의 몸에서 손자 손녀를 여섯이나 얻었다며 복 받은 것이라고 하신다.

쌀 고르기와 함께 가족사 공부는 이렇게 끝이 난다.

부친은 노래를 좋아하셔서 전국콩쿨대회마다 출전하여 큰 상을 타왔으며 여성들에게 항상 인기가 있었다.

양복점을 경영하시던 아버지는 손수 재단하여 우리 옷을 만들어 주셨으며 구멍난 양말도 직접 기워주실 정도로 자상하셨다. 심지어 딸들이 커서 척추에 이상이 올까봐 어린 남동생을 등에 업는 것도 말리셨다.

나는 초등학교 4학년 때 어머니 생신 상을 직접 차려 드렸으며 옷도 내가 만들어 입었다. 항상 주는 것을 좋아했으며 말과 행동이 일치하지 않으면 안 되는 아이였다. 누구에게나 필요한 사람으로 사는 것에 행복을 느꼈다.

머스마와 사내라는 별명을 얻을 만큼 항상 사내아이들과 어울려 놀았다. 학교에서 돌아오면 토끼 먹이를 준비하는 것이 일과였다. 숫토끼는 할일 없이 밥만 먹는다고 낳는 대로 분양시켰으며, 교미 시기에는 토끼를 들고 온 동네를 돌아다녔다. 그럴 때면 조신하고 교양 있는 어머니는 "너는 여자아이란 말이다." 하시며 펄쩍 뛰셨다.

토끼들은 대가족이 되었고, 병아리들도 닭이 되도록 제법 키웠다. 이렇게 어릴 때부터 풍성하고 풍요로운 것을 좋아하는 품성을 지녔지만 당시 어린 내가 할 수 있는 것은 동물농장뿐이었다.

小乘佛教 修行

소승불교 수행

다복한 이 행복도 오래 가지 못했다.

아버지의 첫 외도 때는 내가 어머니의 상담사 역할을 해야 했다. 어머니가 힘들어하실 때마다 위로해 드리다 보니 어머니는 내가 딸이 아닌 아들이었으면 하셨다. 그런 어머니의 마음을 달래 드리기 위하여 아들은 될 수 없지만 점점 사내아이처럼 행동하게 되었다.

아버지의 두 번째 외도를 겪으면서 어머니의 인생이 마치 내 현실처럼 받아들여졌다. 아버지에 대한 신뢰가 무너졌으며 그 분을 이해할 수 없었다. 이러한 상황들은 내 인생의 고뇌로 느껴졌다.

아버지께서 주신 용돈과 교육비를 모두 거절한 채 고행의 길은 시작되었다. 간혹 불가피하게 아버지를 만나게 되면 구토가 일어나는 큰 병까지 얻게 되었다.

내 스스로 학비를 마련하기 위하여 청주문화원에서 지방법원 사환까지 전전하며 고아처럼 어렵게 어렵게 야간 중학교를 졸업하였다.

아버지로 인해 상처 난 마음을 회복하기 위하여 억울한 사람들을 도울 수 있는 판사가 되기로 결심했다. 하지만 아버지와 마찬가지로 외도를 저지르는 판사님을 본 후 판사의 꿈도 산산이 부서졌다. 열망하던 공부도 직장도 모두 버린 채 방황하며 탈출구를 찾아 헤맸다.

言行不同언행부동 無信賴무신뢰
因緣不調인연부조 無安住무안주
心身疲困심신피곤 無休息무휴식
情緒不安정서불안 求方法구방법

불교 집안에서 자란 아버지의 외도를 보고 이제 기독교·통일교·천주교에서 답을 찾기 위하여 열심히 돌아다녔다. 하지만 결국 무늬만 사랑인 종교들의 가식적인 모습 앞에 또 한 번 배신

감과 충격을 받게 되었다.

어차피 답을 얻기 위해서는 불교 또한 배워야만 했다.

불교에 귀의한 후 법문을 듣고서야 숨을 쉴 수 있었다. 가까운 사찰을 다니면서 무거운 마음을 비우고 1년 동안 새벽 예불을 올리고 참회기도를 하였다.

부처님께서는 생生·노老·병病·사死를 해결하기 위해 출가하셨다면, 나는 말과 행동이 일치하지 않으면 너무 괴로웠고, 허물이 많은 이가 오히려 다른 사람의 허물을 용서하지 못하는 것을 보면 숨쉬기조차 힘들어 출가를 준비하게 되었다.

正直人生정직인생 如何哉여하재
宗教訪問종교방문 求方法구방법
前生因緣전생인연 逢佛法봉불법
出離苦海출리고해 尋師父심사부

친한 친구에게 "나 이제 절에 들어가서 스님이 되려 한다."고 하니 친구가 서럽게 운다. "왜 그리 우니?" 하고 물으니, "너는 말하는 대로 행동하니까 정말 절에 가서 살 것 아니냐."고 한다.

떠나기 전에 중국집에서 조촐한 자리를 마련하였다. 그때는 중국집에서 하는 모임이 인기였다. 친구들과 동네 선후배, 가까운 이들이 다 모였다. 내가 출가를 한다고 하니 모두가 다 한 목소리로 "그래, 잘 선택했어! 너는 성녀니까!" 한다.

내 고민을 지혜로운 법문으로 지도해 주실 스승님을 백방으로 수소문한 끝에 명성 스님을 찾게 되었다. 스님은 서울 청룡사에 계시면서 동국대학교를 다니며 후학들을 지도하고 계셨다. 청룡사 주소를 확인한 후 출가할 날을 잡았다.

모든 준비를 마친 후 어머니께 출가의 뜻을 밝혔다. 어머니는 깜짝 놀라시며 여자는 시집을 가야 한다며 극구 반대하셨다. 끝내 허락해 주시지 않을 것을 알기에 어머니께 아들 되어 돌아오겠다는 한마디 말만 남긴 채 서울행 버스에 몸을 실었다.

父親外道부친외도 知無常지무상
逢明星師봉명성사 出發京출발경
道中逢僧도중봉승 到平澤도평택
落髮染衣락발염의 出家也출가야

'그동안 나는 오늘을 결정하기까지 종교를 넘나들며 방황하였고, 현실에서 평온을 찾기 위하여 얼마나 노력했던가! 오늘의 결정이 헛되지 않기를 바란다. 그러나 만약 승가 생활도 언행일치言行一致의 삶이 아니라면 그때는 어떻게 해야 하나? 그때는 죽을 수밖에 없다.'

이런 생각을 하다 보니 조치원에 이르렀다.

스님 한 분이 차에 올랐다.

합장하고 인사드리니 반가워하신다.

회색 옷차림을 한 나를 몇 번 보시더니 어디 가느냐고 물으신다.

출가하러 서울 간다고 하니 초행이냐고 물으신다.

지금 오후 2시인데 서울에 도착하면 너무 늦으니 평택 우리 절에서 자고 내일 가면 안 되겠느냐고 하신다.

스님을 따라 간 평택의 절 이름이 명법사였다.

절은 작고 초라했으나 스님들께서 수행하시는 모습은 거룩해 보였다.

그 하룻밤의 시간은 어린 내 마음에 예사롭지 않게 느껴졌다. 마치 부처님께서 나를 이곳으로 인도하신 것만 같다.

3일째 되는 날, 삭발하겠느냐고 물어보신다.

남쪽을 향해 부모님께 인사를 드렸다.

'이렇게 키워주셨는데 허락도 받지 않고 출가하는 저를 용서하세요!' 하고 인사를 드린 후 삭발하였다.

1년 후 집에 다녀오라는 은사 스님의 허락이 떨어졌다.

행자가 집에 도착하니 할머니께서 스님의 예로 맞이해 주신다. 그리고 그동안 한 번도 말씀하지 않으셨던 비밀을 밝히셨다.

어느 해인가 백일기도 회향 날 큰스님께서 할머니를 부르시더니, 이 세상을 위하여 손자가 출가하여 스님이 될 것이니 수행할 수 있도록 잘 받들어야 한다고 하셨단다.

할머니께서 큰스님 유훈을 말씀하시니 부모님은 아무 말도 못한 채 땅에 주저앉고 말았다.

할머니께서 "우리 집에 태어나셔서 고생만 하시고 떠나게 해서 정말 죄송합니다. 손자가 스님이 될 줄 알았지 손녀라는 생각은 안 했습니다."라고 말씀하신다.

큰스님의 유훈을 듣고 보니, 부친의 외도를 보고 발심할 수 있는 인연을 맺기 위하여 이 집에 태어났음을 알 수 있었다.

아버지의 외도 덕분에 세상의 삶에 대한 미련을 버릴 수 있었으니, 결국 부친은 내게 있어서 대성인로왕보살大聖引路王菩薩이었던 것이다.

행자생활

心身慾望심신욕망 拘束者구속자

他人煩惱타인번뇌 不解脫불해탈

發心行者발심행자 落信心락신심

佛法布教불법포교 無知者무지자

스승의 가르침을 받으며 수행하고자 하였으나, 부처님께서는 결국 나 혼자 수행의 길을 찾아가야 하는 외롭고 힘든 길, 이곳 명법사로 나를 인도하신 것이다.

새벽 3시에서 저녁 9시까지는 앉을 시간이 없다.

하루 세 번의 공양 준비를 하다 보면 오후 2시쯤 한 시간의 여유가 생긴다. 그 시간 동안 대중 스님들의 고무신을 닦고 남은 시간은 『묘법연화경』을 창호지에 붓으로 사경寫經하기 시작했다.

하루 종일 남의 이야기와 잡담만 하며 무늬만 수행하는 이들은, 바르게 발심發心하여 올바르게 수행 정진하는 행자를 보고 함께 모여 말을 섞지 않는다며 건방지다고 한다.

하는 일 없이 세월만 보내는 무늬만 수행자 앞에서 행자가 바른 말을 하게 되면 이것도 실격사유가 된다. 이것을 알기에 오늘 하루도 힘들지만 인욕하며 보낸다.

이렇듯 자비가 사라진 절집에서 미래의 희망이란 참고 견디며 수행하는 길뿐인 것을 알지만 '아! 어떻게 이 구차한 몸을 버리고 떠나야 하나!' 또 병이 도진다.

이 무거운 짐을 진 채 해가 저문다.

'전생에 내가 지은 과보가 아닐까?'

인과를 밝혀 이 마음을 비우는 수행을 하지만 발심하고 출가한 행자의 신심에 상처가 난다.

그 당시 평택 신도들은 신심이 없었고 마치 스님처럼 군림했으며, 오히려 스님들이 신도처럼 살았다.

불공을 올릴 공양미는 모두 밥을 지어 각 단마다 올리고 남은 밥은 항상 말렸는데, 말린 밥에 물을 부어 다시 지은 밥은 바람이 불면 날아갈 정도였다. 이 어찌 복이 될 수 있겠는가!

스님들께 공양 올리는 예경이 근본부터 잘못된 것이다. 하지만 어른스님들은 신도들을 가르치지 못하는 상황이었다.

어느 날 나를 명법사로 이끈 스님이 불면 날아갈 정도의 밥을 보고, 불기 그릇에 주발 뚜껑을 넣고 법당에 공양 올리자 이를 본 신도들이 스님을 내쫓는 일이 발생하였다. 그러나 그것을 보고도 어른 스님들은 말 한마디 하지 못했다.

이 다음에 나는 훌륭한 수행자가 되어 이런 행동을 보면 가르침을 줄 것이며, 복 받는 신도들이 될 수 있게 지도하리라 발원하였다.

그런 내 눈빛이 마음에 거슬렸는지 어른스님께서 부르시더니 손이 올라간다. 험한 말의 뼈 있는 독선이 내 가슴에 꽂힌다. 저 소리 한 마디만 신도들에게 했어도 나는 어른스님들을 존경했을 것이다.

한 신도님한테 중매가 들어왔다고 한다. 절집 소란하게 하지 말고 좋은 자리 났을 때 시집가라는 말씀이다.

참 기도 안 찰 노릇이다. 문제는 내 모습에서 시작된 것이지만, 이 결론은 본인이 흔들렸을 때 해야 할 말 아닌가? 답을 기다리신다.

"노스님! 이제 연세가 80세가 다 되셨는데 미련이 있으시면 그 자리는 노스님께서 정하세요. 저는 그런 생각이 전혀 없습니다." 하고 나왔다.

신도들은 행자인 나와 함께 이야기라도 하게 되면 "행자님, 수행자가 그리 예쁘니 중노릇 할 수 있겠소? 내가 행자님이 중노릇 한다면 이 손에 장을 지지겠소!" 하며 농담을 하였다.

하지만 신도들이 어른스님들께 명령하는 것을 보면 이 행자의 눈빛이 사나워진다.

그런 내가 마음에 들지 않았는지, 신도들은 "어서 공부하러 보내세요. 빨리 떠나야 공부할 수 있지 않습니까?" 하고 어른스님께 재촉하곤 했다.

이런 일들이 여러 번 있었지만 『법화경法華經』 사경寫經은 지극한 정성으로 회향하였다.

경전을 두 손으로 받들고 발원한다.

"명법사의 수행자들은 언행일치言行一致로 수행 정진하며, 명법사 사찰은 정토세계淨土世界 성취하기를 발원하나이다."

행자 생활 2년 만에 석암 큰스님을 계사戒師로 순형 스님을 은사恩師로 마곡사에서 사미니계를 받고 사미니가 되었다.

主客顚倒주객전도 修行處수행처

發心行者발심행자 菩提心보리심

廻光返照회광반조 淨土願정토원

초학初學

正直執着정직집착 煩惱苦번뇌고
實踐修行실천수행 必須哉필수재
要求恩師요구은사 入講院입강원
同年二十동년이십 入禪院입선원

은사 스님께서 나를 강원에 보내기 위한 준비를 해놓으셨다. 『초발심자경문』과 필요한 옷을 갖춰 놓고 부르신다.

"스님, 저는 강원에 가서 경전을 배우지 않아도 됩니다. 공부하러 보내 주신다면 선방에 가서 참선하겠습니다." 하고 말씀드렸다.

내원사 선원에서

스무 살이 되던 해 여름, 그렇게 해동제일선원 내원사 하안거에 입방하게 되었다. 그곳에는 젊은 스님들보다 노스님들이 더 많았다.

행行·주住·좌坐·와臥의 용맹 수행은 죽음이란 생각을 잊게 해주었다. 그러나 지나치게 열심히 하면 거문고 줄이 끊어진다는 부처님 말씀의 의미를 상기병을 얻은 후에야 알게 되었다.

경봉 큰스님의 침도 상기병을 내리는 데는 소용이 없었다. 화두만 들면 상기병이 시작되었다.

여름 하안거 해제 후 평택 명법사에 돌아오니 종학 사숙님이 상기병에 시달리지 말고 차라리 청룡사 강원에 가서 경전을 배우자고 한다.

그리도 만나 뵙고 싶던 명성 스님이 계신 곳이 아닌가!

그 마음에 동動하여 청룡사에 방부를 들였다.

강원생활

내 인생의 무거운 짐을 내려놓기 위해 출가를 결심한 후 수소문한 끝에 찾은 스승님을 목전에 두고 도중에서 출가하여 지도하는 이 없이 홀로 수행하며 얼마나 힘든 시간을 보냈던가!

이제야 그리도 만나고 싶던 스님을 뵙게 되었다.

스님은 말씀도 거룩하시고 가르침 또한 수행에 소중한 길잡이가 되어 주었다. 그동안 혼자서 헤매며 도를 구하던 설움이 다 녹아내리는 듯했다.

종학 사숙님의 보살핌 덕분에 이곳 생활에 잘 적응할 수 있었다.

청룡사 강원에는 어린 스님들이 많았다. 내 또래 스님이나 동자 스님들과의 만남은 매일 매일이 즐거웠다.

스승님께서는 학인들의 근기에 맞춰 지도해 주신다. 어린이날에는 동자 스님들에게 선물도 주시고 찬불가도 가르쳐 주시니 우리는 항상 스승님 곁에서 놀았다.

그러던 어느 날, 종학 사숙님이 명법사에 다녀온 며칠 후 은사 스님의 편지가 도착했다. 너무나 반가워서 편지를 읽는데, 내용은 그야말로 청천벽력같은 소리였다. 은사 스님께서 나를 모략하는 소리를 듣고 쓰신 편지였다. '불사 돈을 훔친 너를 상좌라고 할 수 없다'는 내용이었다.

종학 사숙님께 명법사에 갔을 때 무슨 일이 있었느냐고 물으니, 내용인즉 이러했다.

소임 스님이 나에 대해 "돈도 안 보내 주는데 어떻게 생활하느냐?"고 묻길래 "부족함 없이 잘 지낸다"고 했다고 한다.

명법사에서 돈 안 보내 준다는 말을 하기 싫어서 아버지께서 송금해 주신 이야기를 하지 않은 것이 문제가 된 것이다.

정월 초하루에 편지를 받고 정월 보름까지 백팔참회를 했다.

해제 후 명법사에 도착하니 은사 스님은 원행 중이셨다.

아버지가 보내주신 현금 봉투를 내 놓고 그 돈으로 학비를 쓰며 생활한 이야기를 드린 후 "불사한 장부를 주시면 설명 드리겠습니다." 하니, 그 장부는 은사 스님께서 불에 태우셨다고 한다. 얼마나 등을 떠밀었기에 그리하셨을까? 내가 가지고 간 봉투는 도무지 보려고 하지도 않았다.

하늘도 노랗게 보이고 땅도 노랗게 보인다.

벼랑 끝까지 몰리니 '어떻게 죽어야 시신까지 내가 정리할 수 있나?'라는 질문에 대한 답이 떠올랐다.

장기를 기증하는 거룩한 사망이 떠오른다.

言行一致언행일치 重病故중병고
京大學病경대학병 決定死결정사
臟器寄贈장기기증 入內科입내과
放精神科방정신과 不定死부정사

서울대병원을 가는 내 걸음이 한층 가볍다.

언행일치言行一致로 살고 싶은 바람의 대가는 컸다.

무거운 인생, 통하지 않는 이 세상, 무늬만의 수행자, 자기 허물은 모르고 남의 탓만 하는 사람들……. 이제 나의 죽음으로 이 무거운 짐을 내려놓을 수 있다고 생각하니 뿌듯하고 시원하다.

병원에 도착하여 내과에 진료를 신청했다. 장기를 기증하겠다고 하면 의사 선생님이 기뻐할 줄 알았다. 그런데 선생님은 매우 불쾌해하며 정신과로 가보라고 한다.

결국 이곳에서도 내 뜻은 통하지 않았다.

4월 8일 부처님 오신날 행사로 방학을 하여 본사인 명법사로 내려왔다.

은사 스님은 나를 보자마자 "다른 절에 가서 초파일 봐 주고 학비 벌어 가라. 어서 떠나라."고 하신다.

"스님, 저는 아버지가 학비를 보내주니 다른 절에 가서 학비를 벌지 않아도 됩니다." 하고 말씀드렸지만 "네가 가지 않으면 나는 복여서 죽는다."고 하신다. 요즈음 머리가 아파서 정신과 약까지 복용한다고 하셨다.

도저히 납득할 수 없어서 "제가 왜 그래야 하는지 가서 이야기 좀 해 보겠어요." 하니 스님께서 내 손을 꼭 잡고 놓아 주지 않으셨다. 손을 빼려고 해도 힘이 세서 나는 발버둥을 치다가 팔딱팔딱 뛰었다. 햇별이 밝은 낮인데 두 눈에서 새파란 불이 길게 나가는 것을 보고 나도 놀랐다.

결국 마음을 비우고 스님 말씀대로 명법사에서 다른 절로 향했다.

명법사에서는 내가 공부하는 동안 학비도 차비도 전혀 주지

청룡사 강원에서

않았다.

종학 사숙님을 원망할 수도 없었고, 내 처지를 말할 수 없으니 대화도 안 되었다. 스승님께 이런 사정을 말씀드릴 수도 없었다.

어차피 이제 죽지도 못하게 되었으니 이제는 이 세상을 내가 뒤집어야겠다고 결심했다.

'세상을 뒤집기 위해서는 우선 나부터 뒤집자. 이제 홀로 서지 않으면 뜻을 이룰 수 없다.'

나를 정리하기 위하여 동학사로 가서 강원생활을 하기로 했다.

우리 반은 유난히 학자들이 많았다. 토 하나 가지고도 얼마나 열심히 논강을 하는지……. 나는 벙어리로 살았다.

사집반 졸업여행

그러던 중 사집 졸업여행을 가게 되었다.

경주 분황사를 참배한 후 불심당 도문 큰스님을 친견하게 되었다.

이 세상에 스님은 오직 나 하나라고 생각하며 살았는데, 이렇게 훌륭한 대원력大願力을 세우고 중생을 제도하시는 큰스님의 존안을 뵙고 나니 춥고 떨리던 병이 차츰 사라졌다.

그런데 『기신론』을 보다가 강원을 나와야 했다.

이만큼 만신창이가 되었으니 내 업장이 전부는 아니라도 반쯤은 녹지 않았을까라는 생각이 들었다. 그 후 시간을 쪼개어 독학도 하고 배우기도 하며 사교를 마쳤다.

선지식을 찾아서山谷水

불자라면 누구나 한번쯤 불보살님께 간절한 소원을 올리기도 하고 큰스님 찾아뵙고 인생 문제를 상담 받고 싶어 한다.

이 세상에 태어난 사람들은 누구나 인생의 어려운 일들을 겪게 되고, 혼자 고민해도 결론이 나지 않을 때는 가족이나 친구, 선배 등과 의논한다. 그래도 해결이 안 되면 고민으로 마음에 남겨둔 채 화두처럼 생각하기도 하고, 용기를 내어 불보살님께 간절히 소원을 빌기도 한다.

나 역시 선원에서 속효심으로 생긴 상기병은 지병이 되었고, 화두만 들면 머리가 쪼개질 듯 아프고 무엇에 골똘해지면 목과 머리에 태산을 얹어 놓은 것 같이 힘들고 무겁고 아팠다.

어느 날 도반으로부터 유화양 선사 『혜명경』 중국본을 어느 노거사님께서 가지고 있다는 말을 듣고 그곳을 찾게 되었다. 속리산 민판동 골짜기를 지나 산속 토굴이었다. 그곳에서 그 책을 옮겨 적어 얻을 수 있었다. 그 책을 평생 수행했다는 거사님도 만나게 되었는데 그분 역시 글은 밝았지만 내용을 실천하지 못하고 있었다.

"부처님! 유화양 선사 『혜명경』대로 수행하는 분이 이 땅에 계신다면 꼭 만나지이다." 하고 발원했더니 소원이 실현되었다. 그렇게 수행하시는 스님이 계시다는 것이었다. 그리고 그분이 일 년에 한 번은 꼭 오신다는 장소를 알게 되어 들깨 한 되를 갖고 길을 나섰다. 배고프면 들깨를 먹고 목마르면 시냇물을 마시며 속리산 민판동에서 상주 화서면까지 걸어서 후백제 견훤의 대궐 터 문수암에 이르렀다. 일 년에 한 번 그곳에 다녀가신다는 노스님을 만나기 위하여 토굴 생활을 시작하였다. 6개월 쯤 살다 보니 하루는 대궐 터 절에 사시는 스님께서 노스님을 모시고 올라오셨다.

如向佛道여향불도 修行也수행야
戒行淸淨계행청정 守正直수정직
然後世上연후세상 容恕也용서야

그리도 기다리던 노스님이시기에 모든 것들을 다 버리고 스님께서 가시는 곳마다 따라 나섰다.

마침내 노스님과 면담의 시간을 갖게 되었다.

나를 바라보며 하시는 말씀은 간단했다.

"이 세상을 용서하거라."

'용서'라니……. 누구나 알고 있는 것이 아닌가? '용서'라는 두 글자 때문에 지금껏 이곳까지 왔단 말인가? 내심 황당하였다. 이 세상의 해석은 자기 수준인 것이다. 저 세상의 언행일치를 위해 출가를 결심했고, 언행일치의 삶을 위해 죽기로 마음먹었으나 이루지 못한 채 이곳까지 오게 되었는데, 지금 이 순간 여간 실망이 아니었다.

그래도 궁금한 것은 다 알아야 했기에 여쭈었다.

"노스님, 유화양 선사의 『혜명경』을 보았습니다."라는 말도 끝나기 전 노스님께서 "부처님께서 말씀하신 『능엄경』이 있으니 그 경대로 수행하면 된다."고 말씀하셨다.

승가대학에서는 경을 글로만 배웠는데 이곳에서는 글과 수행을 함께 배웠다. 오정심관 수행법, 산란 중생 수식관을 수행하여 그리도 무겁고 힘들었던 상기병도 고치게 되었다.

선지식

큰스님께서는 검소하셨다. 그리고 하심하시는 모습은 거룩하기까지 해서 저절로 공경이 드리워졌다.

그런데 어느 날, 큰스님의 법문을 듣고자 방사에 들어가니 몇백 만 원의 돈을 방석으로 덮으셨다. 잠시 후 공양주 보살님이 집에 다녀온다고 인사를 드리니 큰스님께서 "내가 돈이 있으면 차비를 주고 싶은데 돈이 없어서 차비를 못 주는구나." 하고 말씀하셨다. 그 순간 내 몸과 마음은 마비되는 듯했다.

큰스님은 『능엄경』을 가르치실 때마다 "거짓말 하지 마라. 정직해야 한다. 수행 정진하려면 꼭 계행을 잘 지켜야 한다."는 말씀을 먼저 하셨는데, 그 말을 들을 때마다 돈 방석의 망상이 떠올랐다.

결국 그곳을 떠나지 않을 수 없었다.

그 후 선방에서 정진하게 되었다. 그런데 포교하다 보니 불사금은 다른 용도로 지출할 수 없음을 깨닫고 스님의 방석 밑 불사금을 알게 되었다.

修行執着수행집착 得上氣득상기

話頭自體화두자체 上氣病상기병

五停心觀오정심관 數息觀수식관

上氣病苦상기병고 回復也회복야

상락아정 常樂我淨 (谷水流)

言行一致언행일치 守正直수정직

至極精誠지극정성 拈話頭염화두

行住坐臥행주좌와 不動心부동심

唯話頭哉유화두재 無六根무육근

선방에서 딱딱 시간을 맞추어 정진하는 것이 나에게 맞지 않아, 경북 상주군 화서면 문수암에서 정진하게 되었다.

항상 『능엄경』으로 정진하는 경계를 점검하였다.

깊은 산 오래 된 더덕을 보약 삼아 먹고, 포행 시간에는 산딸기를 간식으로 먹었다. 비가 오는 날에는 목이버섯이 춤을 추어 바구니에 담아오고, 산나물과 화단의 싱싱한 상추는 찬거리로 충분하였다.

향을 피우지 않아도 대자연의 향기가 그윽하다.

24시간 좌복과 일신이 되었으니 상락아정常樂我淨 무위도無爲道에 취하고 즐긴다.

새들은 아침마다 노래한다.

여러 새들의 합창 소리에서 소리의 자유가 느껴진다.

관세음觀世音.

그렇다.

세상의 소리를 통해서 모두 다 행복할 수 있는 관자재觀自在, 자유자재, 대자유다.

이제 명법사로 하산下山하여 함께 정진할 수 있겠다.

大乘佛教 修行

대승불교 수행

대승불교 행자大乘佛敎 行者

非必是習비필시습 易果報역과보
是受用非시수용비 始是也시시야
善惡曲直선악곡직 前不異전불이
相對絶對상대절대 始解脫시해탈

내가 싫다·좋다 속에서 윤회할 때 가장 싫어한 이곳. 왜 그렇게도 싫은 생각에 차 있었을까? 바르고 싶은 마음으로 인해 그른 것이 싫었던 것 아니겠는가?

이제 나를 바꿨으니 저 세상을 바꾸기 위하여, 세상의 대상과 함께 수행하기 위하여 대승의 행자가 되어 명법사에 도착했다.

看經歸本寺간경귀본사 老師後辭任노사후사임
靈隱庵歸也영은암귀야 孫亦爲出發손역위출발
而道門法師이도문법사 結心寺獻供결심사헌공
老師易出意노사역출의 老孫成佛事노손성불사

노스님께서 인사를 받으신 후 짐을 싸신다.

마곡사 영은암으로 떠난다고 하시며 사중의 중요한 서류가 담긴 보따리를 내 놓으신다.

"왜 이것을 저에게 주십니까?"

"이제 살림을 너에게 맡기고 영은암으로 가련다."

"제가 노스님 모시고 수행하기 위해 왔습니다." 하고 뜻을 밝혔으나 노스님께서는 강력히 가신다고 하신다.

"노스님 모시고 살 수 없다면 저도 떠나겠습니다."

"화정이가 떠난다 해도 나는 간다."

"노스님, 그럼 이 절은 어떻게 하나요? 저도 떠날 것인데요."

"몰라. 화정이가 떠난다고 해도 나는 간다."

"그러면 무책임한 일이니 다른 분께 주고 갑시다."

"니 마음대로 해라."

"제가 이 세상에서 욕심 버린 스님을 한 번 친견했습니다. 도문 큰스님께 드리겠습니다."

내 뜻이 진심임을 아신 노스님은 명법사에 머무르기로 하셨고, 그 후 노스님을 모시며 살게 되었다.

아마 학비 한 번 보태 주지 않은 손자가 불편하셨나 보다.

이렇게 본사의 생활이 시작되었고, 시간이 지나 손자의 진면목眞面目을 보시게 되니 사상이 바르다며 칭찬도 해 주셨다.

이제 은사 스님보다 신의가 쌓이니 한 말씀 하신다.

"나는 화정이가 중노릇 못할 줄 알았어."

"저의 외모 때문에 그런 소리를 종종 들었지만 저는 한 번도 자신을 믿지 않은 적이 없었습니다."

이제야 따뜻하고 다정한 노스님을 만나게 되었다.

학생회 법회와 어린이 법회를 시작으로 대승불교의 씨앗을 심어 싹을 틔워 나갔다. 때로는 법회 전에 피아노도 없이 용감하게 찬불가를 한 소절 부른 후 따라 부르게 하기도 했다.

그러자 얼마 후 가릉빈가 보살님이 절에 오셨다. 하지만 어린 두 아들을 키워야 해서 일 년에 네 번밖에 올 수 없다고 하였다.

그래서 내가 "보살님, 일 년에 네 번만 괴롭습니까?"라고 하니 얼른 알아들으시고 법회 때마다 반주를 맡게 되었다. 이렇게 포교와 불사는 이어졌다.

어린이법회

청소년법회

부족한 나를, 세상에 필요한 존재가 되게 하기 위하여 삼선승가대학에 입학하여 대교大敎를 배우게 되었다. 그리고 시간을 쪼개 동국대학교 청강생이 되어 부족한 교학의 행자가 되었다.

이제 모두 다 함께 언행일치言行一致의 집을 세우고 대승불교 수행을 할 가족을 만나야 했다. 서울 생활과 평택 생활을 겸하면서 점점 넓은 땅 안의 많은 인연들을 만나게 되었다.

명법사는 평택읍 외곽이라 택시도 잘 다니지 않았으며 사찰은 배 밭과 산으로 둘러싸여 있었다. 한남식당 길상화 보살님은 이 스님이 출입할 때마다 택시를 보내 주었다. 또 일반 식당에 가지 못하는 것을 알고 항상 식사를 준비해 주며 스님의 건강까지 챙기는 대승불교 수행 가족이 되었다.

삼선승가대학三仙僧伽大學

대승의 원력을 세운 삼선승가대학의 1회 졸업 때는 명칭이 주림승가대학이었다.

21세기를 사는 이 시대 중생들에게 가까이 다가갈 수 있는 능력과, 그들의 숨결을 읽고 그들에게 반드시 필요한 산소와 소금이 되는 불교를 가르치는 곳이다.

오염되고 늪에 빠진 세상을 방관하니, 어디에 진정한 수행자가 있는가? 수행자가 있다면 그 모습은 어떨까? 산속에서 고요를 즐기는 분일까? 아니면 신도들의 공양에 만족하는 분일까? 아니다. 중생들의 고통을 제도하기 위하여 최선의 수행을 하시는 분들이 삼선승가대학 원장님과 학장님이라고 말하고 싶다.

이곳에서는 새벽을 가르고 강원에 와서 경전을 배운 후 은사 스님을 모시고 사중 일을 하며 포교布教를 하는 스님들이 배출된다.

삼선승가대학 졸업기념

어디 그것뿐이겠는가? 꽃꽂이, 사회복지 등 포교의 일선에서 이 시대에 필요한 수행자가 될 수 있도록 지도하시며 빈손으로 포교당을 세울 원력까지 보여주신다.

나도 이곳에서 『화엄경華嚴經』을 보며 크나큰 수행의 힘을 성취했다. 색즉시공色卽是空 오온개공五蘊皆空의 세계는 스스로 성취했으나, 공즉시색空卽是色의 세계는 『화엄경』을 본 후에야 비로소 내가 선재동자로 태어난 환희를 맛보았으며, 사법계四法界와 이법계理法界가 둘이 아닌 세계로 갈 수 있는 수행을 성취한 것이다.

물질의 세계는 공空에서 나왔다고 이론으로, 말로 듣던 세계가 현실로 성취될 때의 환희였다. "눈을 달라고 하면 네 눈을 주되 가는 길도 밝혀 주라"는 문장을 보는 순간 혜안慧眼의 위대한 세계, 세상을 뒤집을 수 없어 방황하던 연민의 아픔이 비로소 안주처에 도착한 느낌이었다.

욕심이 있는 어둠과 욕심을 버린 밝음, 결국 『화엄경』의 연기緣起는 실상實相이 연기緣起라는 이야기 아닌가!

진공묘유眞空妙有!

참으로 기뻤다. 대승불교의 행자가 대승의 사미니가 된 기분이었다.

언행일치言行一致의 삶이 결국 욕심의 세계로 전락한 지 오래되어 도무지 회복될 가능성이 전무한 상태에서 대승을 지도할 수행자가 삼선승가대학에서 탄생하였다.

삼선승가대학은 욕심의 세계에서 정토의 세계로 인도하는, 21세기 중생들을 해탈시킬 대승불교 지도자들의 교육과 수행을 병행하는 진정한 교육도량인 것이다.

要求眼球요구안구 如布施여보시
明往道見명왕도견 華嚴經화엄경
無眼不明무안불명 如何導여하도
大乘修行대승수행 必慧眼필혜안

시냇물은 강물로 흘러간다

明法寺址명법사지 市公園시공원
陽城李氏양성이씨 宗中山종중산
寺刹建物사찰건물 無許可무허가
再建築法재건축법 無法令무법령

이 글은 30년 전 명법사 중창불사 때의 이야기이다.

인봉 스님은 어느 일본인에게 관세음보살 현신이 신라시대 선덕여왕 때 달달박박 스님과 노힐부득 스님을 제도하셨다는 이야기를 들었다. 그 후 관세음보살님을 친견하기 위하여 괴나리봇짐을 메고 방방곡곡을 찾아다니다가 출가한 후 양성 스님의 제자가 되셨다. 인봉 스님은 아버지가 명지관이었던 인연으로 풍수를 잘 보셨다. 명법사에 오셨다가 사찰 건물을 둘러보시더니 본 그대로 말씀하셨다.

"이 절은 얼마 안 되어서 사그라질 것이다."

"왜 사그라집니까?"

하지만 곰곰이 생각해 보니, 땅은 양성이씨 종중 땅이요, 건축물은 무허가요, 도시근린공원 내에 있어서 재건축법령이 전무한 상태였다.

인봉 스님께서는 노스님과 은사 스님을 뵙고는 말씀하셨다.

"이 불사는 수행의 힘이 있어야 하기 때문에 두 분은 하실 수 없습니다. 어린 네가 해야 한다."

"저도 못 합니다."

"그럼 이 절은 사그라지고 말 것인데, 괜찮겠느냐?"

"은사 스님께서 한평생을 이곳에 바치셨는데요."

"어른 앞에서 나이 어린 네가 총지휘를 해야 하니 어린 것이 죄가 되겠구나!"

평택읍에서 무허가 건축물을 양성화하겠다는 공문이 와서 서류를 제출했으나 공원 내 사찰이라는 이유로 반려되었다. 그때 중앙의 건설부에까지 의뢰하지 않고 지역 공무원만 믿은 일은 끝내 화두가 되었다.

공원 내 재건축법을 위하여 불사와 기도를 시작했다. 그리고 이 시대가 필요로 하는 포교와, 받는 불교에서 베푸는 불교로 변화하기 위해 적극적으로 어린이 법회와 학생회를 활성화 하였다. 신도회를 나누어 조를 편성하고, 부처님 말씀을 상용화하기 위하여 경전 이름을 조 이름으로 사용했다. 경로위안잔치를 베풀어 불교의 효 사상을 전하고 합창단을 모집하는 등 젊은 불자들의 신행을 돕는 포교의 산실로 변신을 거듭하였다. 이렇게 대승불교의 주춧돌을 놓고 그것을 바탕으로 발원과 정진은 계속되었다.

지극한 기도와 불사 회향 덕분인지 공원 내에 사찰을 재건축할 수 있는 법이 통과되었다.

한편 양성이씨 문중은 아파트를 지었으나, 총괄하신 분이 돌아가시자 세금 문제로 덕동산이 압류되는 일이 발생하였다. 그래서 그동안 모금한 시주금과 사중 재정으로 압류를 풀어 드리니 양성이씨 종중에서 감사의 표시로 명법사 땅을 희사하였다. 그 감동의 힘은 신심을 배가시켜 더 큰 발원으로 불사가 이어졌고, 명법사 경내는 향내음이 가득하였다.

인천시장으로 있던 신도님이 경기도지사가 되어 인사차 들렀다. 하지만 나의 기도 중 하나는 아직 해결되지 않았다. 이미 무허가 건물을 양성화할 기회를 잃은 대가는 냉혹했다. 서류를 반려한 공무원이 내게 준 무거움이 느껴진다. 그 시간부터 나는 무거움을 가볍게 하는 수행을 시작했다.

사람이 모인 곳은 사찰이나 사회나 말이 많기 마련이다. 그동안 부처님 말씀대로 실천하던 이들도, 욕심 버리는 기도가 힘드니까 어느 기도터에 가면 쉽게 기도한다는 달콤한 유혹에 하나 둘씩 욕심으로 오염되어 갔다.

싫고 좋음으로부터 자유를 얻은 나도 가슴이 아팠다. 하지만 힘들어도 욕심을 버리고 같이 기도하는 신도들을 보면서 기쁜 마음도 일어났다. 보살菩薩의 십지十地 제8부동지第八不動地 전까지는 수행자도 윤회한다더니 그런 것 같다.

가슴의 통증이 점점 심해졌다. 몇 년 전 의사 선생님께서 심장이 아프지 않느냐고 묻던 생각이 나서 병원을 찾았다.

"너무 늦었습니다. 제가 치료한다고 해도 평생 약을 드셔야 합니다. 그때 치료했다면 가능했을 터인데……. 이제 중생을 버리세요. 그래야 사실 수 있습니다."

"약이나 주세요. 어찌 부모가 자식을 버릴 수 있겠습니까?"

"40도 못 넘기고 돌아가실 텐데, 왜 약을 드립니까?"

그때 내 나이가 35세였다.

내가 왜 병이 들었을까? 오온五蘊이 개공도皆空度된 나는 내 몸의 병도 느끼지 못했다. 욕심을 좇는 자식에 대한 부모의 애절한 마음이 깊어서일까? 아니면 지난날 교통사고의 후유증으로 병이 생겼나?

尋土窟往道심토굴왕도 車故障見修차고장견수
復修理要求부수리요구 僧不知車哉승부지차재
後車念下車후차념하차 車在十三人차재십삼인
爲由車落谷위유차락곡 憫衆生作窟민중생작굴

오래전 마곡사 근처에 토굴을 구하려고 버스에 올랐는데, 시골길을 가다가 1차선 도로에서 핸들이 고장 났다. 버스에서 내려 운전기사가 차를 고치는 것을 보니 잘못 고치는 것 같아서 기사님께 말했다.

"다시 점검 좀 해 보시죠!"

"스님은 법당에서 목탁 치고 염불은 잘하시겠지만, 이 기계에 대해 어찌 안다는 겁니까?"

고장 난 버스에서 내려 뒤차로 옮겨 타려는데 순간 나의 부족함을 느꼈다.

'이들을 두고 어떻게 나 혼자 살자고 버스를 옮겨 타겠는가?'

나는 다시 버스에 올라탄 후 '내가 이들을 지킬 수만 있다면 보호하고자 하나이다.' 하고 발원했다.

버스가 높은 언덕에 올라서 핸들을 돌리는 순간 기사가 '악' 하고 소리를 지른다. 허공에 뜬 차를 보면서 '이번 생은 끝났지만 다음 생에도 다시 수행자가 되어 중생을 제도하리라'라고 발원하는 순간 몸이 내던져졌다. 버스가 세 바퀴나 구른 대형 사고였지만 기사님만 다리에 부상을 입었을 뿐, 승객들은 가벼운 타박상만 입었다. 차주가 찾아와 스님이 타신 덕분이라며 인사를 했던 기억과, 사고 당시 처음 본 사람들이 나의 분신 같이 느껴졌던 일들을 떠올리며 심부전증의 원인을 생각해 보았다.

의사 선생님 말씀대로 점점 자주 통증이 찾아왔고 항상 위험에 대비해 약도 챙겨 다니게 되었다.

36살이 되던 해 2월, 서울에서 평택으로 오는 기차를 탔다. 영등포를 지날 때쯤 의식은 있는데 숨이 쉬어지지 않았다. 가방에서 약을 꺼내려 하니 벌써 손은 마비되고 팔다리도 몸도 굳어져 가고 있었다. 얼마나 애를 쓰며 옆 칸 수돗가까지 몸을 끌고 갔던지 그 모습이 중풍환자와 같았다. 굳어 가는 손으로 겨우 물을 받아 약을 넘겼다. 고통이 너무 심해 통증을 느끼며 사느니 죽는 것이 더 낫겠다는 생각과 동시에 숨이 멈추었다.

그 다음부터 아무런 기억이 없다. 다만 참으로 고요하며 평온하였다. 어렴풋이 쥐가 나무를 긁는 것 같은 소리가 조그맣게 들린다. '닥닥닥닥……' 귀를 기울이며 그 소리에 생각이 머무르니 안내방송이 나온다.

"여기는 수원역, 수원역입니다."

안내방송 소리가 저만치에서 쥐가 나무 긁는 소리처럼 들린 것이다.

찰나에 의식이 돌아오니 영등포역에서 심장마비로 쓰러져 수원까지 온 것을 알게 되었다. 몸에 무엇인가 스치는 느낌이 오더니 어떤 여인이 나를 흔든다.

"스님, 병원으로 모실까요?"

내 입이 열리며 말을 한다.

"홈까지만 부탁드립니다."

그 여인은 내 몸을 혼자 옮길 수 없었는지 큰소리로 도움을 요청해 누군가 와서 함께 내려 주었다. 그 여인의 얼굴은 보이지 않았다. 얼마나 시간이 지났는지 눈이 조금씩 떠지며 보이기 시작했다. 또 시간이 지나니 몸도 조금씩 움직여졌다. 뼈 없는 문어처럼 중심을 잃고 휘청거렸다. 택시에 몸을 싣고 겨우 평택으로 돌아왔다. 그때 내 모습을 본 스님의 말이, 마치 휴지를 물에서 건진 것 같다고 했다. 숨이 멎는 순간 한 알의 약이 삶을 회생시킨 것 같다.

고통 속에서도 6월까지 법회를 보았다. 법회 도중 호흡 곤란과 통증을 견디지 못하고 결국 마이크를 쥔 채 쓰러졌다. 병원으로 옮겨졌으나 병은 더욱더 심해져만 갔다. 어서 내 사랑하는 새끼(중생)들을 맡길 스님을 찾아야겠다고 생각했다. 욕심과 집착을 버린 스님, 욕심 버릴 법문을 해 주실 스님을 찾다가 22세 때 분황사에서 뵈었던 도문 큰스님 생각이 났다. 큰스님께 연락을 드리자 쓰러진 원인을 물으신 후 보시도 받지 않으시고 1년 동안 신도들에게 『법화경』 법문을 해주셨다. 이것이 큰스님과의 두 번째 상봉 인연이다.

심부전증 환자가 신경 약을 먹으면 부작용이 생긴다고 한다. 뒤늦은 신경정신과 선생님의 말씀이다. 부작용은 생을 재촉하게 되었고 은사 스님께서는 수술하면 어떻겠느냐며 애원하신다. 이제는 약도 끊었다. 의사 선생님이 "40세를 넘기기 힘듭니다."라고 말하던 생각이 났다. 이제 세상 떠날 준비를 해야 했다.

시식편에 '만사만생萬死萬生'이란 축원이 나온다. 숨이 끊어졌다가 다시 살아나는 횟수가 점점 잦아진다.

'왜 병이 들었을까?'

교통사고로 놀란 것만은 아닌 것 같다. 반듯한 것을 선택한 나는 삐뚤어진 것을 보면 근심걱정이 생겨나곤 했다. 수덕사 혜암 큰스님께서 그런 나를 아셔서 '곡불장직曲不藏直'이란 화두를 주신 것은 아닐까?

근심걱정이 올 때 꼭 기쁨과 환희와 감사하는 신身·구口·의意 삼업三業을 만든 후 오직 관세음보살님을 믿고 기도하면 구고구난救苦救難이 된다.

화두도 관세음보살도 둘이 아닌 세계에 이르니 유체이탈이 되어 내 몸속의 심장이 상한 모양을 볼 수 있었다. 그리고 반듯한 것에 대한 집착에서 생긴 병을 알게 되었다. 본래 반듯함도 삐뚤어짐도 없음을 깨닫자 몸도 마음도 사라졌다. 심장마비로 숨이 끊어졌을 때와 같이 아주 고요했다. 그리고 아주 편안했다. 고통은 모두 사라졌다.

생을 마감한 그 자리, 몸을 버린 고요하고 적멸한 상태에서 하룻밤이 지나갔다. '딸그락 딸그락' 새벽예불 하시려고 은사 스님께서 일어나신 것이다. 귀에 이어 눈이 열리고 방이 보였다. 다시 살아난 것이다.

입에서 격외格外 소리가 나온다. 누워서 죽음에 이른 이가 돌아다니며 떠들어댔다. 경전을 펴 보니 모두 다 이해가 되었다. 내가 알고 있는 것과 부처님 말씀이 똑같았다. 오정심관五停心觀을 수행했던 생각을 하고 『서장書狀』을 보았다. 내가 곧 대혜 스님과 둘이 아니었다. 모든 경계를 신발을 신겨 보낸 상태다.

사람들이 나를 보면 미쳤다고 했다. 또 부처님이 되었다고도 하고 신들린 것 같다고도 했다.

이 상황을 점검 받아 소란을 잠재워야 했다. 먼저 건강 상태를 확인하기 위해 의사 선생님께 진찰을 받았다.

"거룩하십니다. 스님! 병이 정말 없어졌습니다."

의사 선생님께서 깜짝 놀라며 대단하다고 찬탄하였다.

心不全症심부전증 絶呼吸절호흡
曲不藏直곡부장직 通話頭통화두
忘病見性망병견성 證圓潭증원담
爲延佛事위연불사 棄保任기보림

수덕사 원담 큰스님께 전화를 드렸다. 몇 마디 물어 보시더니 흙신발 그대로 오셨다. 큰스님께 상황을 말씀드렸더니 법거량을 하신다. 견성見性했으니 보림保任하라 하신다.

"스님, 저는 이 불사를 이어서 해야 합니다."

"이대로 그냥 불사한다면 밥이 뜸이 들지 않아 곯아버린다."

"스님, 다시 밥을 지으면 안 되겠습니까?"

"이놈! 매해진다. 어두워진단 말이다."

"그러면 저는 불사 마친 후 행자부터 시작하여 정진하겠습니다."

원담 스님은 노스님께 "손자 잘 둬서 불사만 하겠다니 호강하시겠습니다." 하시며 떠나셨다.

이제 죽었다가 다시 살아났고 문제의 도시공원 재건축 법령도 나왔으며, 사찰부지도 희사를 받았다. 하지만 무허가 건축물의 양성화만은 끝난 일이라고 했다.

그러나 나는 포기할 수 없었다. 이 뜻을 버릴 수 없었다. 불사를 할 수 없다는 것을 도저히 인정할 수 없었다. 불보살님께 지극히 기도를 올렸다.

"부처님! 얼마나 더 불사를 해야 이 뜻이 이루어질까요? 얼마나 더 비워야 성취할 수 있을까요? 어떻게 이 집착을 부셔야 믿는 마음 하나 되어 소원을 성취할 수 있겠습니까?"

오직 믿는 그 마음이 계속 되었다. 그리고 뜻을 성취하는 데 장애의 요인은 무엇일까, 그리고 부족함이 무엇일까만을 생각했다.

'혹시라도 공덕을 쌓는 일에 소홀하지는 않았을까?'

'오늘 제불보살님과 조사님들이 오셨다가 내 부족한 모습을 보고 가신 것은 아닐까?'

살피고 또 살피며 마치 얼음 위를 걷는 것처럼 내 그림자를 살피다가 생각하기 싫어서 휴지통에 구겨 버렸던 내 모습을 찾았다. 구겨 버린 종이를 물에 씻고 또 씻어 다림질하여 깨끗한 나를 만들었다. 눈에 보이는 세계까지도 나인 줄 알지 못한 데서 생긴 일이었다는 것을 알게 된 것이다.

나는 기뻤다. 그리고 감사했다. 상대의 부족함까지 나를 만들어 보완하니 뜻〔理〕과 일〔事〕은 하나가 되었다.

김영삼 대통령의 공약으로 무허가 건축물을 양성화하는 법령이 내려졌다. 법안은 반려된 서류와 백일이라는 한정된 시간 안에 평택시와 명법사가 하나 되어 이룬 불사였다.

생사의 자유로 이법계理法界를 성취하였으며, 불사할 수 없는 조건을 뒤집은 일들은 사법계事法界를 성취하게 했다. 이와 같은 명법사 불사는, 결정된 운명을 바꿀 수 없다는 소승小乘 삼불능三不能이 아니라, 대승大乘은 삼불능이 없는 세계임을 이 땅에 보여준 것이다.

小乘三不能소승삼불능

無緣衆生무연중생 無濟度무제도

決定運命결정운명 無逆轉무역전

衆生界而중생계이 無盡爲무진위
修小乘無수소승무 滅共業멸공업

大乘三能대승삼능

理事無碍이사무애 無三不能무삼불능
決定運命결정운명 幸福逆轉행복역전
因緣有無인연유무 因果同時인과동시
自他不異자타불이 佛性同體불성동체

시냇물이 강물에 이른 이야기

心空成事심공성사 始行法시행법

感動宗中감동종중 喜捨地희사지

修行漸次수행점차 成建築성건축

理事無碍이사무애 曼陀羅만다라

명법사 중창불사

늦가을, 환갑에 첫 자식을 얻은 부모와 같은 설렘과 이 세상에서 가장 소중한 보물을 가진 사람과 같은 충만한 마음으로 불사를 시작했다.

다른 분들이 거대한 사찰을 세우는 것을 볼 때마다 '인재 불사도 저렇게 해야 하는데……. 수행도 저렇게 해야 하는데…….' 하며 근심했던 내가 아닌가.

그래서 한편으로 진정 작은 경계의 세계에서 더 큰 세계와 하나 되는 불사이며, 집착과 욕심을 버리는 불사라고 애써 위로해 본다.

1990년대에 평당 백십만 원은 초라한 공사였다. 하지만 그동안 들어온 불사금과 권선문에 적힌 금액으로는 그 정도가 최선이었다. 그러나 이 세상에서 최고의 불사공양이 되길 발원하였다.

늦은 겨울 찾아온 한파는 뼈대만 겨우 세운 채 공사를 멈추게 했다.

새봄이 와서 다시 공사가 시작되었고, 합창단도 송탄문예회관에서 공연을 준비하였다. 첫 공연은 신도님들의 관심과 합창단의 신심 덕분에 소임자들이 환희심을 갖고 일할 수 있었고, 합창단 소임들의 원력은 불사로 바쁜 스님의 자리를 물심양면으로 대신하였다.

죽었다 살아나 움직이기 힘들었던 나는 처음으로 산문 밖을 나가 자전거의 속도로 달리는 차를 타고 음악회에 참석하였다.

음악회의 공덕은 평택시를 불교의 향내음으로 가득 채웠고, 찬

불사 전 전경

불가는 부처님의 가르침을 쉽게 전달할 수 있게 하였다. 합창단원들은 십년이 지난 지금까지도 불사에 계속 동참해오고 있다.

불사 건물의 모습이 조금씩 갖추어질 때마다 나는 공사를 맡은 분들과 대중 스님들, 신도님께 불사 수행 정진 시험을 보는 것 같았다.

현장 소장님은 깐깐한 나 때문에 보름 동안 공사를 멈추었다.

주지스님께서 왜 공사를 멈추었느냐고 물으신다.

"예, 우린 서로 조율 중입니다."

"왜 공사를 하지 않는지 전화를 해서 알아보아라."

"안 됩니다. 올 때까지 기다려야 합니다."

시간이 흐르자 사장님이 찾아오셨다.

"스님, 어떻게 전화 한 번 안 하십니까? 현장 소장님께 잘 좀 해드리세요."

"예, 저는 부처님처럼 예경합니다." 하고 대답했다.

공사는 다시 진행되었다.

건물 층마다 높이가 10자인데 8자 천장으로 마감하는 것을 보고 1자 더 올리라고 하니 벽에 붙일 스기다가 8자로 준비되었다고 하였다. 현장 소장님은 몸을 피했다. 목수한테 내가 책임질 테니 1자 더 높이라고 하니 1자를 올렸다. 결국 다음날 소장님

불사를 시작하며

이 오자 목수와 싸우게 되었다.

책임을 지기 위하여 대중 스님들께 9자 스기다로 다시 해야 한다며 상의드렸으나 건의는 무산되었다.

항상 바르고 곧아야 한다는 내 원칙이 인과因果가 되어 나에게 돌아온 것이다. 대중 스님들의 결재를 받지 못해 노스님께 간청하였으나 노스님의 결재도 쉽지 않았다. 사중의 결재 반대에 발이 묶였다.

현장 소장의 허물은 결국 나의 허물이 되어 사정을 해야만 했다.

'그동안 그 원칙이 얼마나 힘들었으면 당신들이 사실 절인데 결재를 해주지 않을까?' 그동안의 세월보다 앞으로의 시간들을 생각하니 이 화두의 정진은 계속될 것 같았다.

노스님께 다시 간청을 드렸다.

"노스님, 이 일 때문에 저는 아파서 눕게 될 것 같습니다."

그러자 "아프면 안 되지." 하시며 어렵게 결재해 주셨다.

언행일치言行一致의 수행은 인기가 없다.

사회생활 역시 다르지 않을 것이다. 누구나 이 과정을 거쳐야 더 큰 자기로 운명을 바꿀 수 있고 큰 행복을 이룰 수 있다.

현장 소장은 나를 부를 때마다 힐난 반 칭찬 반으로 "십원으로 백원 만든 스님!"이라고 한다.

시냇물은 어느 사이 강물에 이르고 있다. 아무리 나 자신이 바르다 하여도 다른 이의 허물이 보인다면 그것은 깨닫지 못했던 자신의 지난 허물인 줄 알아야 한다. 그리고 그들이 성숙하여 깨달을 때까지 함께 기다리는 수행이 되어야 한다. "눈을 달라고 하면 내 눈을 내어 주되 가는 길까지 밝혀 주라"는 『화엄경』의 법문이 이것이다. 이와 같은 수행은 결정된 운명을 바꿀 수 있다.

수행 정진과 함께 건물이 완공되었다.

사장님은 비록 종교는 달랐지만 도와주고 싶어 했다. 소장님은 모두를 위해서 욕먹으며 목숨 바치는 스님이 존경스럽다고 했다. 그 인연으로 소장님은 법장사 불사를 도와 주셨다.

완공된 모습

삼풍백화점 붕괴사고 자원 봉사

시냇물에 송사리와 미꾸라지가 산다면 강물에는 붕어와 메기가 산다.

개인의 신행생활에서 벗어나 가족과 이웃이 함께하는 대승 수행을 시작하기 위하여 경로위안잔치와 사회복지사업을 형편에 맞추어 인연 따라 벌여 나갔다.

불교는 수행 정진하는 점수는 100점인데 사회포교나 사회봉사 방면으로는 미흡하여 재난 후 기금 모금은 항상 지각생이다. 하지만 명법사는 어려운 조건 속에서도 미리 준비를 해 둔 덕분에 삼풍백화점 붕괴사고 때는 예치된 복지기금으로 매일 배추김치 100포기를 담그고 쇠고기 100근과 반찬을 준비할 수 있었다.

자원봉사자와 함께 현장에 현수막을 걸고 거사회·청년회는 가스통을 메고 지하 매몰현장으로 내려가고 신도회는 식사 준비를 맡았다. 보현보살 십대원을 수행하는 보리살타 대승의 수행이 시작된 것이다.

생전 예수재

修行精進수행정진 預修齋예수재
不見不知불견부지 信心銘신심명
三祖僧璨삼조승찬 同一體동일체
四十九日사십구일 說法門설법문

윤달이면 전국 사찰에서 예수재豫修齋를 봉행한다.

1987년에 명법사에서도 예수재를 7·7일 49재와 불사의 공덕으로 봉행하였다.

금년 예수재에서는 이 몸이 무상함을 깨달아 오온五蘊이 개공도皆空度함을 설명한 후, 바로 지금 집착을 버리고 육근六根이 육경六境을 대하여 경계를 따라가는 것이 아니라 따라가는 본체를 관觀하는 기도로 관이 자유롭고 깊어지면 삶의 고뇌가 행복으로 바뀐다고 법문하며 수행 정진을 시작했다.

처음 듣고 행하는 예수재라며 의아해하던 신도님들도 환희심 속에서 49일 정진을 마치게 되었다.

그 후 한 달 정도 지나서 책을 정리하다가 『신심명信心銘』을 보게 되었는데, 『신심명』에 나타난 승찬 대사의 세계와 나 화정의 49일 동안의 세계가 동일하였다. 일체 중생도 이 평등한 세계는 동일한 것이다. 다만 그곳에 도착하지 못했을 뿐이다.

보살계

1979년에는 자운 큰스님·석암 큰스님·일타 큰스님을 계사로 보살계단을 세우고 불사를 하였었다. 그에 비해 오늘의 보살계는 일타 큰스님의 상좌이신 해인 계사스님 한 분의 증명으로 그 겉모양은 작지만, 16년 전 보살계단의 꽃향기는 지금까지 시들지 않았다.

거사회·신도회·청년회·어린이회의 가슴속에 존재하는 계율은 항상 신身·구口·의意 삼업三業을 청정히 하며 정진하고 있었다.

부처님께 귀의한 신심은 더욱 더 발심되어, 세 분의 큰스님께 받은 계율 위에 해인 율사스님의 설법이 더해져 십신十信 수행 위에 십주十住의 세계를 이룬 불자들이 하나둘 탄생하니 신도님들의 표본이 되어 명법사에는 법비가 내렸다.

1979년 당시 기차 안에서 손에다 불명 짓는 방법을 일러 주시며 "너는 사람들이 많이 따르니 꼭 배워야 한다."고 당부하시던 일타 큰스님이 생각났다.

600명이 계를 받은 지난 수계식에 이어 이번 보살계 수계식에는 1,600명이 계를 받았다. 스님의 간절한 발원은 불자들 불명 그대로 화두가 되었으며, 보살계는 불자의 자부심이요 불교의 힘이었다.

이 힘의 원동력으로 20개의 조원들은 큰스님을 초청하여 조 이름의 경전을 배우는 큰 불사가 이어졌다. 조장님들은 조원들의 화주가 되었고 조원들은 신도님들께 법석을 마련해 주었다.

불심당 도문 큰스님께서 오셔서 법문을 해 주시니, 큰스님과 세 번째 인연이 되었다.

받는 불교에서 주는 불교로의 변화는 이제 익숙해졌고, 봉사와 기도는 우리의 삶을 더욱 행복하게 하였다.

본존 불상 점안식

명법사 창건 때 모신 불상이 색이 변하고 초라해져서 중창 불사 후 건물에 맞게 삼존불을 원만하게 봉안하게 되었다. 인봉 스님의 지도에 따라 명법사의 불사는 사찰의 위용을 나투게 되었다.

오늘 이 시간까지 불사 수행 정진이 없었다면 명법사는 사그라졌을 것이다.

이렇게 결정된 운명을 바꾸고 보니 감회가 새롭다.

부처님께 예배하고 공양 올리는 모든 분들이 과거 업에도, 그리고 현실에도 속박되지 않으며, 지금 이 순간부터 윤회의 고리를 끊고 행복의 기도, 해탈의 기도를 시작한다면 결정된 괴로운 운명이라도 행복으로 바뀌게 될 것이다.

인봉 스님께서는 이 세상에 계시지 않으시니 은혜에 보답하려 해도 할 길이 없다. 생전에 그토록『능엄경』불사를 하시느라 고생하셨던 기억이 난다.

토 하나도 고치지 말라고 하신 개운당 대성성사의 유훈을 지키며 경 불사를 이루었다. 전국 강사스님들께는 한지로 경전 공양을 올렸으며, 학인스님들께는 노루지, 신도님들께는 번역본으로 불사를 회향했다.

많은 신도님들의 동참불사는 전생의 업장을 소멸하고 생전에도 많은 복전福田을 이룰 것이다.

이 경전을 보고 실천하시는 수행자들은 부처님을 생전에 뵙고 법문을 듣는 것 같이 모두 수행 정진하여 해탈할 것이라 믿는다.

명법사 불교대학을 개강하였다.

무진장 큰스님을 학장으로 모시고 이루어진 제1회 졸업식은 명법사 33주년 축제와 함께 남부문예회관에서 봉행하였다.

이 날 법진 노스님 팔순 잔치까지 준비하다 보니 쇠잔해진 몸은 가누기조차 힘들었으나 무사히 행사를 마쳤다. 숨을 고르기조차 어렵더니 이 몸은 생生을 더 버틸 수 없게 되었다.

몸은 쇠약한데 원력으로 강행하다 보니 쉬어주지 못해 지친 것이 원인이었다. 몸을 버렸다. 어차피 한 번은 가지 않는가! 평

명법사 불교대학 제1회 졸업식

명법사 창건 33주년 기념 축제

온하고 기쁜 마음으로 이 세상과의 인연을 마감하였다.

얼마 후 손에 무엇인가 잡힌다. 느낌으로 봐서 새인 것 같다. 깃털이 너무나 매끄러워 빠져 나갈 것 같다. 온 힘을 다해 그것을 꼭 쥐었다. 얼마나 시간이 지났을까. 가늘게 숨이 쉬어진다. 새가 손에서 죽지 않았을까 걱정하며 손을 폈다. 연초록색의 아주 가냘픈 새가 손바닥 위에서 까닥까닥 거리면서도 날아가지는 않는다.

'아! 관음조로구나!'

죽음의 순간 자비심으로 생명을 연장할 수 있게 되었음을 깨달았다. 관세음보살의 감로수에 죽은 이 몸이 담겨지니 관세음보살의 화신인 관음조를 친견한 것이다.

보이는 세계와 들리는 세계에 대해 깊이 관할수록 포교와 불사를 하는 내 세계가 과거와는 완전히 달라졌다. 몸은 고통 받는 중생들과 고苦와 낙樂을 함께하게 되었으며, 말은 하는 대로 현실이 되니 사람들이 두려워했다.

생각이 이치와 일치하니 모든 일에 전문가와 같았다.

1년간의 도로공사를 통해 사찰 경관을 아름답게 꾸몄다. 간혹 풍수 전문가들이 사찰에 찾아오면 누구의 풍수 지도로 공사하였느냐고 묻기도 한다. 누구의 지도 없이 나 하고 싶은 대로 했다고 하니 다들 놀라워했다.

정치하는 스님

평택 시·군·송탄시의 통합이 시작되었다. 우관재 거사회 회장님께서는 자수성가하신 검소하고 신심 있는 불제자이다. 이제는 시민들께 감사 회향하기 위하여 양로원을 지어 은혜에 보은할 거라고 하셨다.

어느 날, 언제 양로원을 지을 것인지 물었더니, 가진 것에 비해 그것으로는 부끄럽다고 하셨다. 그리고는 3개 시·군이 통합되면 경제절감은 물론이요 평택 발전을 20년 앞당길 수 있으니 그 준비를 위하여 소금이 되는 것이 시민들께 보은하는 길이라 하시며 남모르는 발원을 세우셨다.

3개 시·군이 평택시로 통합되자 송탄시민들의 반발은 거셌다. 김영광 의원을 탄핵하다 못해 화형식까지 거행하였다. 그 소식을 듣고 이 땅에서 공양을 받고 사는 스님으로서 부끄러웠다. 그리고 앞날이 보인다. 그분의 결정은 옳았고, 그 결론이 이런 대접을 받는다면 평택에는 간물 정치인들만 출현할 것이다. 우 회장님께서는 시민들께 감사의 소금이 되셨는데, 이 땅의 수행자로 시민들을 위하여 이 문제를 꼭 해결해야만 했다.

김영광 의원에게 편지를 보냈다.

"당신의 화형된 그 상처에 연꽃을 뿌리나이다. 일어나소서! 그리고 용서하시고 그 큰 뜻을 이해시켜야 합니다."

내 위로의 기도는 그분이 가는 외로운 길에 동행자가 되었으며, 잘못된 결정을 하시게 되면 질타도 드리게 되었다.

평택시에 동요가 생겼다.

"대빵 스님! 돈만 아는 스님! 정치하는 스님! 무서운 스님!"

정치하는 분들도 정치하는 스님이라고 공공연히 질타했다. 시의원, 도의원, 국회의원으로 출마하지도 않는데 무슨 정치를 한다는 것인가!

옳은 것을 밀고 나가니 대빵 스님이요, 불사와 사회복지를 위하여 재정이 필요하니 돈만 아는 스님이요, 시민을 위하고 국민을 위하는 정치인이 질타를 받으면 그 뜻을 지켜주고 보호하니 정치하는 스님이요, 싫고 좋음이 끊어진 삶을 사니 무서운 스님이 된 것이다.

명법사는 비록 타종교의 정치인이라도 더 큰 원력이 있으면 시민을 위하고 국민을 위하여 기독교거나 천주교거나 가리지 않고 손을 들어 주었으며 외롭고 힘들어 할 때는 곁에서 함께해 주었다.

평택시는 정치도 종교도 문화도 조금씩 발전하기 시작했다. 이제는 정치인들도 정치하는 스님이라고 질타하기보다는 스님이 누구를 선택하는지에 귀를 기울인다. 20년 동안 해온 말들이 과녁판에 적중하다 보니 귀 기울이지 않을 수 없었던 것이다.

정치인이 옳은 일을 한 것에 대해 시민들이 자기들한테 불이익이 된다고 등을 돌리면 이 스님은 정치인들의 변호사가 되고, 반대로 그들이 잘못하는 것을 보면 검사도 되었다. 그래도 모자라면 신문에 글도 싣고 호소문도 쓰며 인터넷 게시판에 글도 올렸다. 그러자 예언자는 예언은 해도 글을 못 쓰는데 글도 쓰고 예언도 한다며 떠들어 댔다.

평택시를 위한 정치 불공과 기도는 종교도 넘고 정치도 넘었다. 평택시가 행복할 수 있다면 무엇이든지 할 수 있는 엄마가 되었다.

출마할 때는 항상 국민과 시민을 떠받들지만 권력을 얻으면 국민도 시민도 눈에 보이지 않는 정치인들도 있다. 그런가 하면 올바른 정치를 하여도 시민과 국민들은 자기들에게 불이익이 되면 옳고 그름을 막론하고 등을 돌린다. 그래서 진실한 정치인들은 옳은 정치를 하면서도 자신이 없는 것이다. 그러므로 국민과 시민들의 선택은 아주 중요한 것이다.

시민과 국민들의 선택에 따라서 정치인들이 탄생한다. 선택의 결과는 항상 국민과 시민에게 돌아온다.

선경 노스님 49재

명법사에서 49재를 지내자고 사숙님께서 의논하신다. 평생 내원사를 떠나지 않으신 분인데 이곳에서 49재를 치르는 것은 이치에 맞지 않는다고 생각하니 힘이 든다.

전국에서 많은 스님들이 오셨다. 49재 법문은 원담 큰스님께서 해주셨다.

"이제 불사도 끝났으니 저는 이제 처음 절에 온 행자로 돌아가 수행을 하기 위하여 떠나기로 했습니다."

선경 노스님 49재

佛事終了 불사종료 圓潭曰 원담왈

裸身地臥 라신지와 弟子曰 제자왈

本來無臥 본래무와 昇降哉 승강재

於一物在 어일물재 不師父 불사부

"어디로 가느냐?"

"가는 바 없이 갑니다."

"이 자식, 다 되었네." 하시고 떠나셨다.

어느 날 전화가 왔다.

"나 약값이 필요한데 평택 가도 되겠나?"

"네, 오세요. 큰스님."

큰스님께서 오셨다.

"또 필요하시면 오세요." 하고 약값을 올렸다.

"너, 옷 벗고 누워라. 내가 올라탈란다."

"큰스님 본래 누울 것도 없는데 올라타신다니요. 올라탈 것 내 놓으세요."

큰스님께서 머뭇거리신다. 어디서 생긴 힘일까, 나는 어느 사이 큰스님 목덜미를 잡고 목을 조이고 있었다. 큰스님께서 버둥거리신다.

"이놈, 놓아라! 왠 힘이 이리도 세냐."

"내 놓으셔야 놓지요."

"놓아야 내가 내 놓을 것 아니냐."

그때서야 목을 조인 손을 내려놓았다. 큰스님께서는 선지禪志를 보이시니 화정 또한 답을 한 것이다.

큰스님께서 "보림保任되었다." 하시며 전게송傳偈頌을 내리신다고 법상을 준비하라 하신다.

나는 웃으며 거절했다.

"큰스님, 전게송은 해서 무엇 하시려고 합니까? 눈이 있어도 무아상無我相을 보지 못하고 귀가 있어도 무법상無法相을 듣지 못하는 저 가엾은 중생들은 어떻게 하라고 다 됐다고 하십니까?

저는 거짓말을 제일 싫어합니다. 이 법이 스님 법의 전부라면 차라리 거절하겠습니다."

큰스님께서 떠나시고 난 후 내가 너무한 것은 아니었나 생각해 보아도 아닌 것은 아닌 것이다. 이 불사는 화정이가 은사 스님과 대중 스님, 그리고 신도님들과 하나 되기 위한 공부였다.

더 공부하기 위해 떠나겠다고 대중 스님들과 신도님들께 말씀드렸는데, 오히려 공부가 다 되었으니 갈 일이 없다고 하신다. 하지만 내가 나를 보아도 다 된 것 같지가 않았다.

화정은 화정을 위하여 공부를 시작한 것이 아니지 않은가!

이 모양새는 이미 27살에 오온개공도五蘊皆空度 한 것이 아닌가!

어떻게 해야 모두가 행복할까?

이 문제는 아직도 생생히 그대로가 아닌가?

중생들의 욕심은 도道 통한 것도 자기들 것이어야 한다. "도인은 무슨 도인이야." 하며 업業을 짓는다.

그들의 죄를 면하게 해주기 위하여 "큰스님께서 도인이라고 말씀하지 않았나?" 하니, "『금강경』에 '아라한이 아라한이라 하면 아라한이 아니다'라고 했다."며 비웃는다.

죄를 짓지 않게 하기 위해 주어도 죄 위에 또 죄뿐이다.

'내 눈을 달라고 하면 주되 가는 길을 밝혀 주어야 하는데 자성불自性佛이 어두운 것을 어떻게 벗겨 주나. 어떤 수행 정진을 하면 크나큰 감동을 주어 저 어두운 굴에서 나올 수 있게 할 수 있을까?'

그 발원은 헛되지 않았다. 중생을 제도하는 스님을 힘들게 하여도 그들을 버리지 않고 함께하며, 그들이 스스로 깨달을 때까지 최선을 다하는 것을 보고 감동을 받는 이들이 하나둘씩 모였다. 열심히 욕심을 버리는 수행을 하니 욕심을 버린 만큼 행복한 세계에서 저절로 소원이 성취되었고, 그 모습에 감동 받은 이들이 모였다. 그리고 다른 이들도 행복하기를 발원하며 기도하고 봉사하였다.

시냇물은 어느 사이 강물에 도착했다. 강물 또한 시냇물에서와 다르지 않았다. 봉사하며 욕심 버리고 수행하는 이가 있는가 하면, 이루어 놓은 불사의 강물을 보며 더 큰 집착과 욕심으로 번뇌하기도 한다. 그들은 더 커진 욕심의 강물 위에서 중생을 제도하는 스님도, 버리고 수행하는 이들도 보이지 않는 것 같다.

하지만 불자들 대부분이 욕심 성취를 위하여 절에 다닌다고 해도 거짓말은 아닐 것이다.

부처님께서 불행도 대신해 주길 바라는 것은 어리석음이 아니겠는가?

부처님의 가르침은 행복을 위한 것이다. 그 행복은 집착과 욕심을 버릴 때 이루어진다.

오늘의 불행과 행복은 우리 자신이 창조한 것임을 설명한 것이 인과법因果法이다.

부처님 말씀은 자신이 만든 불행을 다시 행복으로 재창조할 수 있게 하는 가르침이다. 자신이 행복을 만들어야 비로소 행복해지며, 그 행복의 주인공 본체를 깨달으면 곧 부처님이다. 이를 깨닫게 하기 위한 대자대비大慈大悲는 인류의 가장 큰 희망이며 실천해야 할 목적이어야 한다.

공부 안 하고 백점 받기를 바라고, 복을 짓지 않고 복덕을 기대하고, 욕심을 버리지 않고 해탈을 구한다면 영원히 윤회하며 사바세계를 떠날 수 없다.

원효 스님께서 "모래로 밥을 짓는다면 모래 밥이며, 모래로 또 밥을 천년 동안 지어도 모래는 영원히 모래일 뿐이다."라고 말씀하셨다. 욕심을 버리는 명법사는 모래로 밥을 짓지 않고 쌀로 밥을 짓는 행복한 불사를 하는 사찰이다.

강물에 이르기까지 최선을 다하여 행복의 공업을 이루고 계신 보리살타들께 두 손 모아 예경하나이다.

강물은 메기와 붕어와 함께 속삭이며 흘러간다

- 불기 2541년 부처님 오신날 기념 경로위안잔치

사바세계에 들어오는 문이 어머님 뱃속이라면 극락세계의 입구는 욕심과 집착을 버린 그 자리라고 생각한다. 모든 생명들이 극락정토에 탄생할 수 있는 대승불교의 사찰을 세웠으니, 사바세계에 탄생하게 해주신 부모님 은혜에 보은하는 불공을 올려서 그 공덕으로 사바세계에서 욕심을 버리고 극락세계에 태어나는 불사를 시작하기 위한 경로잔치를 하게 되었다.

병들어 죽었다가 오온이 개공도 하니 다시 살아났고, 반듯함에 대한 집착으로 죽었다가 대대가 끊어지니 다시 살아났다. 이어진 불사에 지쳐서 또 목숨이 끊어졌다가 감사의 기쁨으로 생

농협에서

을 마치니 자비심은 감로수가 되었고 관음조 친견으로 세 번이나 다시 살게 되었다.

이제야 나를 낳아 주신 부모님을 생각해 본다. 부친은 10년 전에 돌아가셨고 모친께선 생존해 계신다. 출가 후 간간히 왕래하며 소식은 있었으나 부처님 오신날 기념 경로위안잔치에 꼭 오시라고 처음으로 초청 전화를 드리니 의아해하신다.

농협 2층을 빌리고 경로당마다 찾아다니며 차로 300분을 모시고 와서 경로잔치를 시작하였다. 내 눈에 보이는 세계가 나인 줄 알아서일까? 처음 뵙는 그분들이 모친과 동일하게 느껴진다. 이 평택을 위하고 이곳의 자식들 뒷바라지를 하시느라 우리 부

모님들께서는 이토록 늙으셨구나! 이분들이 아니었다면 오늘의 평택 발전은 없었을 것이다.

처음 평택에 왔을 때, 평택은 읍 소재지였다. 길은 흙길이라서 비가 오면 진흙탕이 되어 '부인 없이는 살아도 장화 없이는 못 산다.'고 할 정도였다. 기지촌으로 돈이 넘쳤고 넓은 평야로 쌀이 풍부하다보니 평택은 유흥장과 놀고 먹고 즐기는 곳이 많았다.

전통문화가 자리잡지 못하다 보니 스님인 내가 해야 할 일이 많았다. 신도님들도 불사보다는 사치와 노는 것을 좋아했다. 기지촌이라 외국인이 많았고 선교사들이 정착하여 교회가 숲을 이루고 있었다.

명법사에서

명법사 창건 당시 홍명덕 선사는 불심佛心 없는 평택에서 불사를 시작하니 초라한 빈민의 모습이었다. 환경이 열악할수록 그 현장의 삶은 거칠고 어렵다. 하지만 대승불교를 시작한 지 15년 만에 평택에 포교하는 사찰이 세워져서 부모님의 은혜를 받들 조건이 갖추게 되었다.

부모님 은혜를 행동으로 받드는 효도 수업은 성적이 점점 향상되었다. 농협 2층에서 300분을 모신 인연이 발전하여 명법사에서 500분께 공양을 올리게 되었다. 이제 동참해 주는 분이 많아 연예인도 초청했으며, 시장님 내외분도 오셔서 노래를 불러 주셨다. 우리 부모님들은 종교와 상관없이 절에 오셔서 공양하며

평택 남부 문예회관에서

기뻐하신다. 이렇게 다종교의 이웃 사랑이 평택에 울려 퍼진다.

명법사 내에서 경로잔치를 하기에는 인원이 많아져서 평택시 남부문예회관으로 장소를 옮겨 1,500분께 공양을 올리게 되었다. 공양할 식당은 문예회관 밖에 50평의 이동식 텐트 2동을 준비하였으며, 의자와 식탁 등 모든 준비는 웬만한 이벤트 회사를 능가하게 되었다. 이제 시내에 현수막만 걸어도 당신들께서 흔쾌히 찾아오셔서 정을 나누는 잔치가 되었다. 식사를 마치고 문예회관에서 연예인 초청공연을 즐기다 보면 주름진 얼굴에 천진무구한 미소가 가득하다.

이 인연으로 이 생이나 다음 생에 부처님 가르침까지 배우고 깨달아서 사바의 윤회에서 욕심과 집착을 버리고 극락세계에 태어나시기를 발원한다.

맑고 향기로운 연꽃동산 어린이집

30년 전 명법사에서 포교를 시작하며 대중 스님들을 위한 노후준비는 잊은 적이 없었으나 거듭되는 불사로 여유가 없는 현실에서 늘 생각뿐이었다.

그러던 중 원담 스님께서 보림保任하라는 말씀에 "불사를 마치면 그때 이곳을 떠나 행자로 수행하겠습니다."라고 대답한 후부터 지금까지 대중 스님들의 노후를 위하여 준비해왔다. 그동안 모은 금액이 4억 5천만 원이 되었다.

대중 스님들께 말씀드렸다.

"이제 불사도 끝났고 저와 사시느라 그동안 고생하셨습니다. 노후준비금을 드리고 이제 떠나려 합니다."

혜철 사숙님이 "이곳에서 살면서 수행하면 안 되겠느냐?"며 만류하신다.

"만약 제가 이대로 살면 노후준비금도 다 써야 할 것입니다."

"그럼 다 쓰며 살자!"

주지스님께서는 평생 한 푼 한 푼 아껴 모은 통장을 꺼내 주시며 말씀하신다.

"이것 가지고 가라! 너는 명법사 돈으로는 차비도 하지 않을 것 아니냐!"

이 이야기는 원담 큰스님께서 보림되었다고 말씀하시기 전 일이다. 보림되었다고 하신 것은 공부가 끝났다는 말씀이다. 졸업했으니 떠날 일이 없게 되었다. 노후 준비금을 써도 된다는 허락을 받았으니, 다음으로 이 시대 어린이들에게 거룩한 부처님 말씀을 전하고 부모들에게 가까이 다가갈 수 있는 만남의 장소가 되는 불교 유치원 불사를 시작하게 되었다.

500평의 설계는 7억 원이라는 예상 금액이 나왔고, 명법사 중창불사를 한 경험으로 직접 진행한다면 5억으로도 가능하다고 판단되었다. 이 소식을 전해들은 거사회 회장님으로부터 전화가 왔다.

"스님, 입구 땅부터 정리하셔야 합니다."

빈손으로 자수성가하신 회장님의 조언이다.

"회장님께서 정리해 주시면 형편 되는 날 인수하겠습니다."

"안 됩니다. 유치원도 중요하지만 이 일이 더 급한 것입니다."

명법사 입구 땅도 양성이씨 종중 땅이다. 양성이씨 문중은 내게 있어서 은혜로운 분들이다. 땅문제 때문에 어려울 때마다 땅을 희사해 주셨고 능력껏 감사 인사도 드렸다. 입구 땅은 임야가 아닌 주거지역이라 땅값이 높았지만 낮은 금액으로 정리해 주었다. 5억의 불사금은 이제 1억 5천만 원만 남게 되었다.

35년 동안 기다린 희망의 꿈 앞에 서성거리는 내 모습을 본다. 500평 유치원의 꿈을 접고 정부의 지원을 받을 수 있는 어린이집으로 생각을 바꿨으며, 100평의 설계로 큰 꿈을 접어 본다. 그토록 집착한 꿈을 허공처럼 비우고 나니 김선기 시장님께서 연꽃동산 어린이집 후원자가 되어 이웃사랑을 실천하셨다. 넓은 마당에 예쁜 꽃밭과 소나무 숲길과 쉼터는 연지蓮池의 연꽃과 함께 평택에서 가장 아름다운 연꽃 동산이 되었다.

처음 포교를 시작할 당시 불사 때마다 돕던 김택권 거사님의 딸, 김진 선생님은 미술학원 원장이었다. 약혼 후 지친 몸으로 결혼 전까지 휴양 차 절에 나오게 되었다. 아버지의 불사 공덕의 큰 유전 때문인지 휴양 중 절에서 나와 만났고, 그 인연으로 불교 어린이 포교는 날개를 달게 되었다. 경기도지사 상을 받을 만큼 뛰어난 실력으로, 불교 레크레이션이 전무한 상태에서 창작 율동과 무용 등을 개발하여 어린이 포교의 희망을 꽃피우게 되었다. 그 인연으로 맑고 향기로운 연꽃동산의 원장님으로 임명되었다.

스님의 어린이 포교 6년과 원장님의 12년 세월의 노력으로 이제 일요일마다 100명의 어린이들이 모인다. 여름불교학교 때는 300명의 어린이들이 운집하여 고사리 같은 손으로 합장을 하고 "성불하세요!" 하며, 식사 시간마다 공양송이 울려 퍼졌다.

소문은 바람을 타고 퍼졌고 사람들이 모여들었다. 입학원서를 받으러 온 엄마들에게 힘주어 설명했다.

"아기부처님으로 모시겠습니다!"

"학원을 따로 가지 않아도 될 교육장을 만들고 학원비는 받지 않겠습니다."

세상사에 속기만 하고 살아온 사람들은 그 다음 해에서야 원서를 사러 왔다. 너무나 꿈같은 설명에 의심하다가 이제야 왔다고 한다.

어린이집 경제 사정으로 사무원을 따로 두지 못하고 내가 상업부기를 배워가며 6개월 동안 사무원 역할을 하였다. 원장님의 부군 김증원 거사는 사무에 어두운 스님이 연꽃동산에서 고생하는 것을 보고 다니던 회사를 그만두고 연꽃동산 사무장이 되었다. 사무원을 채용할 준비가 될 때까지만 봉사하고 떠나겠다는 그 뜻은 결국 5년 동안 봉사한 후, 힘들게 일하는 원장님과 목숨까지 내놓고 사는 스님의 말을 거역 못한 채 연꽃동산 수호신이 되었다.

연꽃동산이 자리를 잡으니 몇십 년 동안 자식이 없던 어버이가 늦둥이를 얻은 듯 바라만 보아도 배부르고 행복하다.

그런데 연꽃동산 공사를 진행하느라 사중에 돈이 바닥났다. 하루하루 삶이 이렇게 힘들어 보기는 처음이다. 숨 쉬고 살아 있어도 사는 것 같지가 않았다.

대중 스님들은 어린이집을 시작한 후부터 날카로워졌다. 아껴야 한다는 말이 나오면 "이제 어린이집도 지었는데 이렇게까지 궁핍할 필요가 있느냐!"고 마뜩잖게 대한다.

지금 사중에 돈이 없다는 말은 할 수가 없다. 앞으로 가야 할 길에 발목을 잡히기 때문이다.

2월을 지나 3월이 되어 연등 접수가 들어오니 그제서야 좀 편안히 잠들 수 있었다.

처음 점심點心을 도운 반주자 관음조 보살님은 욕심의 생각과 욕심의 말을 버리게 할 부처님 말씀을 반주하며 한 음으로 이곳까지 왔다. 김정환 거사님과 이준규 거사님도 늦은 어린이 포교를 돕기 위하여 연꽃동산의 차량 봉사를 한다. 명법사에서 봉사하는 신도님들은 이 땅에 불국토를 성취하는 화엄성중華嚴聖衆이다. 오늘도 내가 가는 대승불교 수행을 이해 못하고 자기 견해로 투덜대는 근기 낮은 신도들에게 선배들은 설명하느라 얼굴에 주름이 늘어간다.

처음 2층 건물을 짓고 박 선생님과 사무장님의 무급 보시금으로 3층 건물을 재건축하였다. 2층 지을 때의 준비로 3층이 되었지만 처음부터 3층으로 지은 건물 같다. 원장님의 원력으로 선재반 건물과 식당 건물까지 3동이 되었다. 처음 공사를 시작할 때 유치원이 어린이집이 되었고, 500평 계획이 100평이 되어 부족하다고 생각했으나, 이제 넓고 시원한 마당과 건물 3동은 처음 설계한 500평보다 훌륭한 공사가 되어 아름다운 아기 부처님들의 궁전이 되었다.

원장님은 큰 원력을 실천하기 위하여 미술대학, 미술대학원, 사회복지대학 대학원을 졸업한 후, 명상치료 박사학위까지 갖추었다. 이제 지식 프로그램으로 인성을 교육하고 유기농 식단으로 건강을 지키며, 부처님의 가르침으로 심성교육까지 지도하는 교육도량이 되었다. 국가적으로도 실현하지 못한 유아학교를 부처님의 거룩한 가르침으로 4~5세의 어린이집 교육과

6~7세 유치원 교육은 물론 무료 학원까지 병행하는 유아학교의 꿈을 연꽃동산은 실현하고 있다. 초등학교 1학년 중 눈에 띄는 어린이는 대부분 연꽃동산 어린이요, 초등학교 전교 1등 역시 연꽃동산 졸업생들이 많다고 한다. 이 영광은 부처님께, 부모님께 연꽃동산으로 회향된다. 연꽃동산 1회 졸업생이 140명이었는데, 이제는 200명으로 명실상부 평택 어린이 포교의 산실이 되었다.

지금 이 순간 이 사바세계를 불국세계로 이끌 주인공들이 연꽃동산에서 무럭무럭 자라고 있다.

가사불사

이번이 명법사의 두 번째 가사불사다. 지금은 종단 차원에서 가사를 만들지만 전에는 사찰에서 직접 불사를 하였다. 처음 가사불사를 할 때는 매일 과일 공양과 떡 공양을 올리고 입재부터 회향 때까지 염불을 번갈아 염송하며 회향 때까지 이어졌다.

이번 가사불사는 부처님께 가사공양을 올리고자 순금 천과 금실을 알아보아도 구할 길이 없었다. 탱화를 그리는 불모 박정자 원장님께 상의 드리니 가사를 지어 부처님을 순금으로 그려 모신 후 공양 올리라고 조언해 주었다. 부처님께 올릴 가사와 스님들께 드릴 가사를 매일 가사당에서 한 판 한 판 다리미질을 하

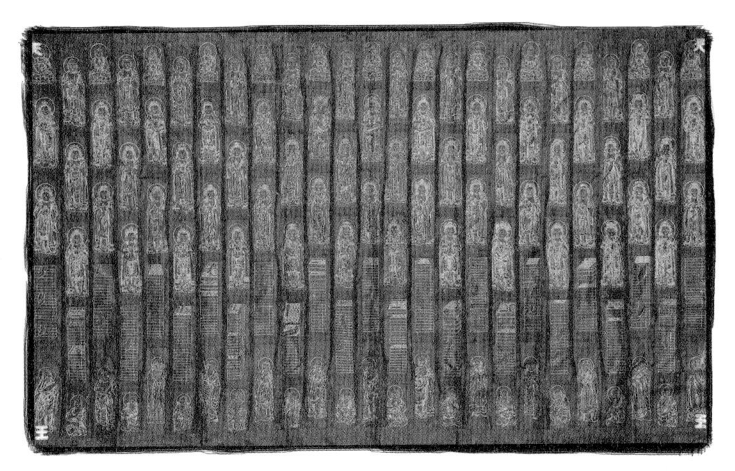

부처님께 공양 올린 가사

며 불사를 시작했다. 매일 고개를 숙이고 다림질을 하다 보니 가사 천의 먼지가 피곤한 몸을 만나 코감기에 걸리고 말았다. 코감기가 축농증이 되더니 부처님 가사를 박정자 선생님께 보내드리고 나자 발열이 심해져서 코에서 냄새가 났다.

회향 전날 부처님 가사가 도착하였다. 소포를 푸는 순간 전단향 향기가 나기 시작하더니 가사를 펼치니 회관 전체에 전단향 향기가 진동하였다. 그 광경을 보고 박정자 선생님께서 부처님을 모실 때 전단향을 많이 사용했구나 생각했다. 가사 점안 후 고열로 자리에 누워 있는데 주지스님께서 가사를 모시고 들어오셨다. 그런데 가사에서 전단향 냄새가 전혀 나지 않았다. 이상하게 생각하고 박정자 원장님께 전화를 올리고 그 전후 사정을 말씀드렸다.

“스님, 경전에 오색광명이 비추고 전단향 등의 향기가 가득하다는 말씀이 있지 않습니까?”

“예, 그 생각은 못 했습니다.”

입 속에서 또 전단향 향내가 난다. 나는 전단향 생각을 해서 그런 줄 알았다. 그런데 사제인 묘상 스님이 “형님, 방금 또 전단향 향내가 났습니다.” 하였다.

참으로 신기했다. 편수를 해 주신 무상 스님께 전화를 드렸더니, 평소 냄새를 못 맡는데 그 날 회관에서는 전단향 향내를 맡으셨다며 전단향을 많이 쓴 줄 아셨다고 하신다. 그동안 가사불

스님과 신도들이 함께 가사를 만들고 있는 모습

사를 많이 했지만 감응의 불사는 처음이라고 하신다.

욕심을 버리고 진심으로 정성을 다하면 이 사바세계에서도 법신불께 이르는 공양을 올려 부처님의 가피를 받을 수 있음을 가사불사를 통해 증명할 수 있었다.

법장사法藏寺 창건

힘없는 자의 설움일까?

힘없는 종단의 모습일까?

진리를 지키고 실천하지 못한 이들의 욕심의 타협으로 인한 결과라고 말하고 싶다.

많은 일들이 TV에 비친다. 부끄러운 종단의 일들이, 불교를 믿는 신도들의 가슴에 못질을 하는 사건들이 신문과 TV에 대서특필된다. 꼭 종단의 허물만은 아닌 것 같다. 정치의 힘, 권력의 힘, 높은 자리의 힘 등 본질이 변형된 욕망의 큰 힘이 작은 힘을 누르다 보니 진실한 이들의 가슴이 아프고, 여망은 뭉그러지며, 진리가 땅에 떨어진다. 입을 다물다 끓어오르는 분노를 터뜨리는 사람, 본인 욕심과 타협하는 사람, 본인도 실천하지 못하면서 남의 잘못만 지적하고 욕하는 사람……. 물론 남의 잘못을 보면 자신은 저런 허물이 없는지 살피는 사람들도 간혹 있을 것이다.

어디부터 시작해야 할까? 그리도 올바른 길을 제창하던 이들도 그 자리에 앉기만 하면 초심을 잃고 욕망과 타협하며 사는 모습이 보인다.

그래도 종단에서 누군가가 나서서 해결하지 않을까? 아니, 이 종단에서 누군가 이 일을 위하여 목숨을 내놓지 않을까?

그러나 오늘 저녁 해는 그렇게 저물었다. 비구니인 나라도 이 일을 위하여 무언가 해야 되지 않을까? 어떻게 해야 하나? 종단이 처한 이 일을 해결해야만 하지 않을까? 나옹 스님께서는 해인사에 난 불을 상추 씻은 물로 끄지 않으셨던가?

시간이 너무나 촉박해 보인다. 오늘이 지나면 냉장고의 음식이 상하듯 이 부끄러움으로 진실한 불자들에게 상처를 남기게 될 것만 같다. 내 경계를 살펴보았다. 과연 부끄럽지 않게 살고 있는가? 내가 지금 이 일을 하지 못하면 정말 부끄러울 것 같다.

어떻게 해야 대통령과 직거래가 될 것인가? 편지도 아마 중간에서 차단될 것이다. 전화 또한 연결되지 않을 것이다. 어떻게 해야 직거래가 가능할 것인가? 신문 일면의 광고란을 이용하면 내 뜻이 전달될 것 같다. 일면 하단 광고료를 알아보니 조선일보는 육천만 원이고 한국일보와 동아일보는 오천오백만 원이라고 한다. 은사 스님께 돈이 필요하다고 말씀드리니 웃으신다. 내 모습이 철없는 아이처럼 보이시나 보다.

"스님, 저를 사세요. 저를 팔고서라도 이 돈이 필요합니다."

또 웃으신다.

"내 가치가 없습니까?"

"아니다. 가치는 넘으나 옛날 어느 예언자가 나에게 한 말이 생각나서 웃는다." 하시며 허락해 주신다.

사천만 원을 주고 한겨레신문 일면 하단 광고에 대통령께 올리는 글을 실었다.

김대중 대통령께 드리는 글

우리 대한민국이 자주와 자존을 지키며 국민이 주인 되는 나라로 만들기 위하여 긴 고행의 길을 걸어오신 대통령!

해방 후 국민들이 제대로 된 국가관을 확립하기도 전에 이 땅은 서양문화를 무분별하게 받아들이게 되었고 이로 인해 물질만능주의가 흔들리는 정체성을 틈 타 들어와 혼돈을 야기, 급기야 IMF체제 하의 구제금융국가로 전락하였습니다.

국민의 의식수준이 높아야 올바른 정치인을 선택할 수 있듯이 많은 시행착오를 거쳐 이제야 대한민국은 국민을 위한 대통령을 선택했습니다.
대한불교조계종은 오랜 세월 많은 분규를 거듭하면서 때 묻은 옷을 벗고 개혁 후 새로이 출범했습니다.
이제 겨우 안정된 이 종단이 세속법을 의지해 전체가 따라간다면 소란의 불씨가 다시 살아나 혼란을 가져오게 됨은 모든 사람이 다 아는 사실입니다.
법이란 모든 이를 위하여 있는 것이고 법이 지켜질 때 사회는 안정이 오는 것입니다.
국가도 개혁을 위해서는 몇 사람의 희생을 감수하거늘, 어찌 나를 버리고 모든 생명을 제도하겠다는 승려들이 개인의 입장을 전체와 바꿀 수 있겠습니까?
이 땅에 자유와 평화를 실현코자 질곡의 역사를 걸어오신 대통령께서는 충분히 이해하시리라 믿기에 안정을 찾은 조계종에 다시 분규의 소지를 안겨 주지 않으시기를 평택시 명법사에서 두 손 모아 발원하나이다.

野黨五十야당오십 同前政동전정
清淨宗團청정종단 失秩序실질서
新聞呼訴신문호소 求宗事구종사

이 글은 안기부에서 통과가 되었고, 종단 일은 멈출 수 있게 되었다. 그러나 종단 일을 정부에서 잘못한 일이라고 국민에게 사과하라 하니, 대통령은 참회할 뜻이 없다고 한다. 참회 없는 공양은 받을 수 없었다. 이 종단을 위한 일이지만 참회 없는 공양을 지금까지 받아본 적이 없기에 냉정히 거절하게 되었고, 종단은 다시 혼란에 빠지게 되었다.

"이제 우리 종단을 초상집을 만들었으니, 내년 대선은 당신들도 초상집이 될 것이다!"

이 일은 곧 현실이 되어 나는 평택의 예언자가 되었다.

그러나 이대로 있을 수 없었다. 하지만 종단을 위하여 절을 짓기로 결심하고 죽었다가 다시 살아날 정도로 과로하며 불사를 하다 보니, 기운이 없고 어지러워서 산문 밖을 나가기가 힘들었다. 시속 40km로 달려 겨우 종단을 위하여 사찰을 세우는 현장에 도착하였다. 길은 어적이 나서 스텝 공구리조차 칠 수 없는 상황이다. 레미콘을 버려야 한다고 했다. 그러나 포기할 수 없어서 포크레인을 바가지 삼아 스텝 공구리를 쳤다.

시자 스님이 말을 건다.

"스님, 서울 총무원을 점거했을까요?"

"아니, 나처럼 겨우 버텼을 것이다."

成事我事성사아사 成寺事성사사
成事寺刹성사사찰 成宗事성종사
成事宗團성사종단 成國事성국사
成事國家성사국가 成世界성세계

거짓 없는 뜻과 말과 행동의 일치〔言行一致〕는 사사무애事事無碍를 이룰 수 있으며 내외內外 또한 여여如如한 것이다. 잠시의 언행일치로는 절대 이루어지지 않는다. 정사유正思惟, 정어正語, 정업正業의 언행일치를 행하면 누구나 사사무애를 이룰 수 있는 것이다.

법장사를 창건하다 보니, 이젠 종단이 아니라 나라가 움직였다. 오늘 불사를 무사히 이루면 나라 일을 성공했으며, 이 공사가 부진하면 나라 일도 부진했다. 나라 일을 위해 밤을 새워 공사를 하다 보니 신비한 일도 있었다. 그날 밤을 새워서라도 공사를 해서 나라를 돕자고 일을 하고 있는데 산에서 흐르던 물이 갑자기 끊겼다. 결국 나라일도 해결되지 않았다. 종단을 위한 기도는 나라를 위한 기도가 되었고, 남북이 만나 꽃피는 일을 보니 불사佛事의 피로가 풀린다.

법장사 전경

원담 큰스님께서 오셔서 점안식을 해 주셨으며, 낙성식에는 원력이 크신 ○○ 큰스님을 초청하기로 했다. 그러나 병환 때문에 못 오시는 일이 생겼다. 날짜가 임박했다. 불심당 도문 큰스님께 전화를 드렸다.

"큰스님! 여차저차한 일이 생겼습니다." 하니 쾌히 승낙하시고 오셔서 낙성식을 점안해 주셨다.

나는 인사말과 함께 고하였다.

"그동안 우리 큰스님께 이 화정이 어린 나이 때 업을 지었던 일을 참회합니다. 큰스님께서는 정말로 대원력 대서원의 크신 스님이신데 '단지 부처님으로부터, 그리고 조사스님으로부터 몇 대代 몇 대代 하고 계보를 읊으시는 것만 안 하시면 참으로 훌륭하시겠다'고 한 일이 있었습니다. 이 화정도 포교하다 보니, '큰스님께서 저를 보고 보림 되었다고 하셨다'며 중생들의 인과를 걱정해서 방편으로 그 말을 하게 되었습니다. 부처님과 조사스님들께서 중생을 위하여 하신 공덕이 오히려 큰스님 위상을 감소시키는 것 같아 어린 마음에 잘못을 혼자 뉘우쳤으나, 이제 감히 큰스님 전에 참회합니다."

자비하신 큰스님께서 미소로 용서해 주셨다.

'이 세상에 도인이 계신다면 이 세상을 이렇게 오염되게 두지 않았을 것이다. 나 하나라도 이 세상을 구해야 되지 않을까?' 하고 세상을 향해 분노할 당시, 내 나이 22세 때 이 세상에 스님이 한 분 계신 것을 보았다. 분황사 주지로 계실 때 이 땅(욕심세계)에 있는 이들을 저 세계(해탈의 세계)로 인도하시기 위하여 민초들에게까지 발 벗고 상락아정을 즐기시지도 않으시고 선정에서 나오셔서 중생을 위하시고 나라를 위하시며 종단을 위하셨다. 그 모습에 어린 나는 눈물을 흘렸던 기억을 떠올린다.

시냇물에서 만나 내 키만큼만 뵙다가 이제 강물에서 스님의 원력홍심을 우러러 뵙게 되었다. 「용성진종조사 유훈십사목」을 수행하는 그 길이 중생에게는 자기들의 세계로만 보일 것이다. 법장사를 창건한 후 종단을 위한 일보다는 나라를 위한 정진으로 이어진다. 이제 시야가 다르고 생각 또한 다르며 행동도 변했다.

밥 먹는 것도 잠자는 것도 예전 같지 않다. 아침과 저녁이 해와 달도 거스르고 사는 것을 보게 되었다. 저녁 취침이 새벽 4시요, 잠시 눈 감았다 뜨니 9시다. 10시에 아침을 챙겨먹고 바쁜 시간을 쪼개어 움직인다. 눈 밖의 세계, 귀 밖의 세계, 코 밖의 세계, 입과 맛의 세계와 피부에 느껴지는 일들과 생각이 일어나고 비워지는 일들이 전과 완전히 달라졌다. 부모가 어린 자식을 키우느라고 애쓰는 모습과 같고 처음 보는 신도들이 내 분신과 같았다.

강물에서의 생활은, 스님은 그대로 스님인데 밖의 세계와 안의 세계가 둘이 아니다. 온종일 긴 밤 생활이 달라졌다. 뉴스는 꼭 들었고, 나라와 종단과 이 세상 일로 하루가 바쁘다. 아들 낳고자 기도하는 부모님처럼 종단 위해 절도 지었으며, 나라를 위해 과일도 올리고 기도하며 불사도 하고, 복福도 심으며 하루가 간다. 저녁에 방에 들어오면 종일 뛰놀던 아이들 옷을 빨아야 하는 엄마처럼 처리해야 할 일들이 나를 기다린다. 새벽 4시~5시쯤 되어야 하루 일과가 끝나는 일이 10년 동안 이어졌다. 지금도 대중스님들과 함께 아침 7시 공양을 하지 못하고 있다.

속리산 버섯요리

산골을 흐르는 골짜기물인 소승수행은 본인 혼자만의 경계로 수행하기 때문에 시냇물과 강물의 세계는 상상할 수 없다. 강물에 도착하니 평택일이 나라일이 되어 움직여진다. 어떻게 수행해야 IMF로 직장 잃은 가장들이 이 어려움을 견디고 극복할 수 있도록 도와줄 수 있을 것인가?

방법을 생각한 후 사찰 앞에 있는 속리산 버섯요리집을 인수하여 음식점을 운영하게 되었다. 부처님 말씀을 따라 실천 수행하는 봉사자는 욕심이 버려지고, 그 공덕을 회향 받는 이는 발고여락拔苦與樂되어서 모두가 이고득락離苦得樂이 되게 하기 위한 원력으로 시작하게 되었다. 오늘의 IMF가 생겨난 원인은 여러

가지가 있겠으나 욕심을 자재하지 못한 나라경제와 개인경제가 원인이기에 음식점의 운영에 대해 꼼꼼하고 철저하게 계획을 세웠다. 주방장은 스님 곁에서 항상 봉사하는 대자행 보살님에게 맡겨 전문가로부터 요리법을 전수 받게 하였고, 직원들은 평상시 남을 돕는 애민심哀愍心이 크신 분들에게 권유하여 소임을 맡겼다. 오전오후 써빙팀을 만들고 저녁에는 거사님들이 청소를 하게 되었다. 경영을 위하여 신도님들 모임을 이곳 식당에서 하기를 권유하여 자연스러운 경영체계를 구축하게 되었다. 집에서 살림만 하던 이들이 써빙하는 일을 통해 하심下心하는 수행자가 되었고, 집안 살림도 이제 더 알뜰히 하게 되었다고 한다. 최고 품질의 야채와 버섯, 그리고 한우고기를 쓰니 이익금이 참으로 적었다. 이것을 본 보살님 중 한 분 두 분 보시금을 내는 분들이 출현했다. 나는 매일 출근하여 카운터를 보았다. 덕분에 먹지도 않는 오신채 냄새와 담배 냄새가 퇴근 후 사찰에 퍼진다.

남은 이익금과 보시금은 4등분(四分)하여 회향하게 되었다. 1분分은 실직자 자녀들에게 장학금으로 주었다. 처음에는 소년소녀가장이 우선이었으며, 이후 천주교, 기독교, 불교 순으로 실천했다. 2분分은 용성진종조사께서 이 나라 이 겨레를 위한 수행을 실천하신 후 남기신 큰 뜻(유훈십사목)을 실천하는 네팔의 대성 석가사 불사금으로 보내드렸다. 3분分은 결식 학생 급식비로 사용하였으며, 4분分은 사회복지 기금으로 준비하였다.

처음에는 타종교 학생들이 절에 와서 장학금 받는 것을 외면하더니 이제는 좀 익숙해졌다. 환경으로 기가 죽어 있던 급식 받던 학생들이 어머니의 밥상을 받고부터 밝고 환한 미소로 변했으며, 주위의 학생들이 오히려 부러워하게 되었다.

처음 음식점을 차리니 모든 것이 서툴고 어려웠다. 밤 12시에 식당일이 끝나면 나는 새벽 2시까지 청소를 해야 했다. 한 달쯤 되니 거사님들이 청소하는 스님 모습이 눈에 아른거려 잠이 오지 않았다고 한다. 그래서 한 분 두 분 와서 청소를 돕다가 거사회가 청소담당이 된 것이다.

주방장인 대자행 보살님의 부군과 2년 전 나눈

"스님, 저는 평생 스님 종이 되어 살겠습니다! 부인만은 구정물에 손 담그는 일이 없었으면 합니다."

"그렇게 하지요."

했던 대화의 기억조차 잊었는데,

"스님도 거짓말 하셨네요!" 한다.

"그래요, 이 세상을 위하여 거짓말도 하게 되었습니다."

집안은 넝마장이 되었고 빨래는 태산같이 쌓였다며,

"이래 가지고 제가 왜 사는지 모르겠습니다!"라고 한다.

한 가정의 안주인이 주방장을 맡고 보니 착하고 이해심 많은 남편이지만 참으로 힘든가 보다. 요리사 주방장 월급을 주고 경영할 재력도 없었지만, 대승불교를 실천하기 위해서는 이 식당을 노저을 뱃사공이 필요했다. 결국 보살님의 딸에게 집안 살림을 부탁한, 딸과 남편의 고통을 외면하는 냉정한 스님이 되었다. 대승불교는 나를 버려야만 시작할 수 있기 때문이다.

일 년쯤 카운터를 보다가 보살님 한 분을 소임으로 정한 후부터는 가끔 식당에 들러서 이익금을 회향하는 일만 하게 되었다. 식당은 마치 기계가 서로 맞물려서 생산품을 만드는 공장과 같았다. 3년 기도는 나라의 경제가 회복되지 않아서 2년을 더 수행하게 되었다.

거사님들과 보살님들이 변해간다. 거룩한 미소와 모습은 그대로 관세음보살님이다.

11대 회장님께서 처음 정육점을 하시며 걱정하신다.

"불살생의 계율을 지켜야 하는 불자로서 어떻게 하면 좋을까요?"

"보살님, 우선 직접 도축을 지시하지 말고 이미 도축된 고기를 사와서 파십시오. 그리고 고기 앞에서 염불로 육체의 무상함과 집착을 놓는 기도를 드리면 축생이 천도되며 죽은 고기를 먹는 이들도 마음과 몸이 가벼울 것입니다." 하고 말씀드린 적이 있었다.

약으로 필요한 곳이나 경로잔치, 재앙을 당해 힘든 이에게 고기를 공양하곤 했는데, 게다가 속리산 버섯요리 식당까지 시작하니 회장님은 이익을 남기지 않고 봉사해 주셨다. 이제 회장님은 이 세상 욕심의 갈등 계산기 병까지 다 내려놓는 거룩한 대승의 수행자가 되셨다.

십바라밀 가운데 력力바라밀이 있다. 힘이 있어야 한다. 능력뿐 아니라 욕심을 버릴 수 있게 하려면 도와줄 힘이 필요하다. 이 힘은 가졌다고 있는 것이 아니라, 버리고 또 버려서 티끌도 없을 때, 욕심 가득한 사바중생들을 제도할 원願을 세운 후 그 원을 언행일치言行一致로 실천했을 때 생긴다. 그 힘은 산골물이 시냇물이 되고 이제 강물의 힘, 42수 관세음보살 원력과 하나가 되어, 고통 받는 이들에게 욕심을 버리고 살면 부처님 말씀은 희망이요, 새 생명이 탄생하는 이고득락離苦得樂의 세계임을 증명해 준다.

실상實相

事事無碍사사무애 修行相수행상

地方行政지방행정 同國政동국정

市長拘束시장구속 束統領속통령

實相法華실상법화 求統領구통령

대승연각수행인 강물에 이르니 평택의 정치, 경제, 문화가 국가와 함께 움직여진다. 오늘도 나는 나라와 평택을 위한 수행정진 불사로 해가 저문다.

어느 날 평택시장이 사전선거운동에 연류되어 재판을 받게 되었다.

강물의 대승연각연기법으로 결정된 운명을 바꾸기 위하여 대통령께 시장의 선처를 부탁했으나 거절당했고, 마침내 대통령은 선거 중립 의무 위반으로 탄핵되어 국정업무 정지처분이 내려졌다.

애민의 아픔은 이 수행자의 육체에도 나타났다.

장의 움직임은 극도로 악화되어 대변은 실같이 가늘게 나왔다.

국가를 위한 연민이 계속되던 어느 날, 스님들이 찾아와 라마승 마정수기와 만다라 시현불사를 권장했다.

그 이야기를 듣는 순간 실상묘법연화경 법회를 열어 국란을 해결해야겠다는 생각이 났다. 그 스님들께 회향에 오셔서 라마승의 마정수기와 만다라 시현을 부탁드렸다.

명법사 만다라

어린 라마승

부처님께서 이 스님의 애민을 아셔서 스님들을 보내 주신 것 같다. 실상묘법연화경의 세계, 이 현실에서 연기緣起가 실상實相이며 실상이 곧 연기라는 진리를 실천하는 수행론을 7일 동안 설법하였다.

회향식 날 라마승의 마정수기와 만다라 시현이 펼쳐졌다. 티베트도 정법수행正法修行의 만다라를 나투었다면 중국의 속국은 되지 않았을 것이다. 30년 불사한 명법사 건물과 수행 회향 및 불사한 이들의 공덕 만다라가 아름답다.

회향식 날 마정수기와 만다라 재현 준비가 한창인데 라마승이 햄버거 점심식사를 부탁하여 맑고 향기로운 연꽃동산 어린

티벳 만다라 재현

이집에서 식사를 하게 되었다.

스님 한 분이 마이크를 잡고 하는 말이, 요즘 고기 먹는 스님들은 다 해탈하는데 고기 먹지 않는 스님들은 죽어서 지옥 간다고 말을 했다.

나는 '무엇으로 법거량을 할까' 하고 둘러보니, 기도 입재한 신도들은 가슴에 부처님 스티커를 붙였는데 구경 온 사람들은 스티커가 없었다. 소연월 보살님께 사무실에 가서 스티커를 가져다가 붙여드리라고 하니 모인 대중 가슴에는 모두 스티커가 붙여졌다. 연기가 곧 실상인 세계를 나투니 대통령은 탄핵소추에서 풀려나게 되었다.

생전예수재

전국은 가뭄에 시달리고 어려운 경제로 힘든 국민들의 가슴은 뜨거운 태양과 함께 타들어가니 대지도 국민들도 갈증을 느낀다. 속리산 버섯요리 경영 기도만으로는 열기를 식히기에 부족한 것 같아서 예수재豫修齋를 올리는 공덕으로 기우재를 대신할 뜻을 세운 후 도문 큰스님께 회향법문을 청하는 전화를 드렸다.

세 번째 명법사 예수재다. 첫 예수재는 금강경 불사였으며, 두 번째 예수재는 욕심 버리는 수행 예수재였다. 이번은 대승불교를 수행하여 이미 강물에 이른 상태라 감로수 예수재로 국민들의 타는 번뇌의 마음과 대지의 갈증을 씻어 줄 49일 참회정진 기도로 매일 법문이 이어졌다. 도문 큰스님께서 전화를 하셨다.

"불교TV에서 회향식을 방영할 것이니 이제 화정이도 저 세상에 직접 법문해라! 나는 증명만 한다."

"아직 아닙니다. 지금 이곳까지 이른 이야기만 하겠습니다."

간신히 허락을 얻어낼 수 있었다.

내일이 예수재 회향식이다. 밤이 되니 49일 동안 열심히 기도하신 보살님들이 하나둘 모여 회향을 준비하는 스님을 도와준다. 일을 마치고 텐트 안 의자에 앉아 휴식을 취하는데 갑자기 '쏴아' 하는 소리와 동시에 천막이 늘어진다. 그냥 비가 아니라 폭우였다.

튼튼한 텐트가 폭우에 늘어져서 모인 신도님들은 처진 텐트에 고인 물을 빼내느라 분주하다. 회향식 중에도 비는 계속 내렸다. 덕동산 상봉에서 시련侍輦을 마치고 내려오는데 솔잎 떠내려 온 것을 본 신도님이 신기해한다.

"언제 이렇게 비가 왔습니까?"

"어젯밤 폭우가 내렸습니다."

"우리 집이 절 바로 옆 아파트입니다. 이럴 수가 있습니까? 그곳엔 비가 한 방울도 오지 않았습니다."

회향식 날 빗소리는 큰스님 법문에 장단을 맞추니 미소 띤 신도님들 얼굴은 천상天上의 사람들 같다. 강물까지 온 이야기를 하며 회향식 촬영을 마쳤는데 등잔 밑이 어두운 일이 생겼다. 전국에 방영될 은사 스님 이야기로 상좌 도은 스님의 얼굴이 흑암 지옥이 된 것이다. 전국은 감로수 비에 국토도 마음도 씻기니, 예수재의 공덕 회향을 두 손 모아 부처님께 감사드렸다.

그 해 겨울, 법진 노스님께서 입적하셨다. 동진출가 하셨으며 비구니 칠증사를 지내신 유활문도회 어른이시라 많은 스님들께서 문상을 오셨다. 서울 정각사 전국 비구니회 회장이신 광우 큰스님께서 오셔서 나를 찾으신다. 불교TV를 보셨다며 당당한 비구니 모습이 자랑스러웠다고 하신다.

진관사 큰스님께서 한 말씀 하신다.

"나한님이 와서 불사하느라 고생하는구나!"

세계에서 한국 비구니 스님들이 가장 존경받는 이유는 바로 이렇게 거룩하신 비구니 큰스님들께서 이 땅에 상주하고 계신 인연이다. 광우 큰스님께서는 내가 어릴 때, 대승불교를 이 땅에 전하기 위하여 대원력을 세우시고 실천의 모범을 보여주신 큰스님이시다. 또한 명법사를 창건하신 홍명덕 선사께서는 이 시대를 대비하여 산중불교에서 벗어나 도심포교를 위하여 70이 넘은 연세에 명법사를 창건하신 거룩한 큰스님이시다. 그분의 제자로 내원사에서 죽비로 일생을 보내신 선경 큰스님의 수행력만 보더라도 이 땅의 비구니 스님들의 대원력을 알 수 있다.

부처님 오신날 기념 장애우위안잔치

올해 경로위안잔치는 쉬고, 부처님 오신날 장애우 위안잔치를 준비하여 이 땅의 장애우들에게 부처님 말씀을 전하게 되었다. 평택의 장애우를 위한 시설들은 주로 천주교나 기독교에서 위탁하여 운영하고 있다. 그들의 장애우를 위한 사랑 실천은 불교인들도 배워야 한다. 그래서 왜 불교에서는 이런 시설에 관심이 부족한지를 살펴보았다.

'오늘의 업을 설명하기 위해 부처님께서 설하신 인과법因果法을 잘못 인식하는 것은 아닌가?'

'전생의 과보를 바꿀 수 있는 가르침을 모르고 있는 것은 아닐까?'

부처님 오신날 기념 장애인 위안잔치

업에 끌려 내일의 행복 창조를 포기할까 봐 경각심을 일깨워 주신 뜻을 잊지 않도록 인과법을 잘 전해야 할 것 같다.

불교에서 보면, 내 인생은 내가 창조하며 지구촌은 우리 모두의 공업共業으로 창조되는 것이다. 오늘 눈에 보이는 장애만 장애인이 아니다. 법신의 그 자리를 지키지 못하고 한 순간 욕심을 자재하지 못하여 남에게 고통 주는 병, 강요당한 이가 받는 억울한 병, 그리고 고민하는 병, 남이 잘되는 것을 보고 시기 질투하는 병, 자기를 알아주지 않는다고 미워하는 병, 자기 뜻대로 되지 않는다고 고뇌하는 병, 어쩔 수 없이 윤회하는 병, 몸의 병만이 아닌 마음의 병이 든 장애인도 많은 것 같다.

장애우들에게 오늘 당신들뿐 아니라 몸은 건강하나 욕심병의 장애인들이 참으로 많다고 인사말을 하며, 오늘 부처님 오신날을 맞이하여 장애라는 몸 구속에 머무르지 말고 장애를 통하여 대자유의 마음을 찾는다면 행복할 수 있다고 강조했다.

소쩍새마을 장애우와 평택시 장애우들께 희망의 부처님 말씀과 함께 위로공연과 식사, 선물을 전달했다.

문득 대전 교도소에 있던 최○○에게 보냈던 편지가 생각났다.

"너만 창살 속에 갇혀 있는 줄 아니? 중생 모두 욕심의 집착에 갇혀 있다. 너는 그래도 나올 마음이라도 있지만, 욕심에 갇혀 있는 중생들은 나올 생각도 안 하고, 제 욕심 때문에 힘든 것을 상대 때문이라고 여겨 상대만 미워한다. 욕심이라는 감옥에 구속되어 자유를 얻지 못하는 불쌍한 중생들을 생각해 봐라!"

그는 이제 자유를 얻은 몸으로, 다시 자기

욕심의 감옥에 갇히지 않기 위하여 자기보다 형편이 어려운 이들과 서로 사랑하며 살고 있지 않을까?

몸의 장애는 없지만 욕심에 갇힌 장애인들도 욕심을 버리고 행복한 삶이 되었으면 한다. 오늘 이 공덕은 장애인이나 비장애인이나 모두가 다 부처님의 거룩한 말씀을 배워 대자유인으로 자기보다 어렵고 힘든 이들에게 베풀고 자신도 만족할 수 있는 밝고 아름다운 세상이 되기를 발원한다.

강물이 다한 곳에 바다가 보인다

- 주간장애아동보호센터

속리산 버섯요리 수행을 통해 대승의 마음을 배웠다면, 주간장애아동보호센터를 운영하여 대승의 말을 배웠다고 할 수 있다.

장애 어머니회에서 명법사로 항의를 하러 왔다. 장애아동 위탁시설에서 손을 떼라는 경고다. '장애아동 어머니만 하겠냐?'고 위협을 한다.

"예! 나도 중생의 어머니입니다. 일개 한 부분의 어머니와 비교가 안 되지요. 모든 생명의 어머니랍니다."라고 설득을 했으나, 알아듣지 못하고 떠났다.

위탁시설 선정 대상이 명법사라는 생각에 무시했었는데, 상대가 대한불교조계종 사회복지재단이라고 하니 그 경력과 재력이 어머니회에 위협이 된다고 판단했던 것 같다.

시청 직원과 기독교 평택대학교 교수와 시의원들이 선정준비위원을 맡아 위탁시설 시험을 보게 되었다. 조계종 복지재단 최부장님께서 시험을 보고 나오셔서 하는 말이 행정고시 때보다 더 힘들었다고 한다.

결국 명법사에서 주간장애아동시설을 위탁받았다. 장애아동에게 최선의 공양을 하며 3년 동안 수행을 하였다. 봉사팀이 들어가서 운전기사가 되고 요리사도 되어 급여를 보시하며 욕심장애를 치료하였다. 회향 공덕으로 대승불교의 말을 배운 아동센터는 대승불교의 행동이 될 시설 준비를 차근차근 기획하기

주간장애아동시설에서의 봉사

시작했다.

3년 간 운영한 속리산 버섯요리는 2년 더 연장 영업을 하게 되었다. 아직도 한국 경제는 캄캄했기 때문이다.

우선 복지사를 양성하기 위한 준비로 선계연이 대학에 들어갔다. 3년 동안 운전을 하다 보니 몸에서 기름 냄새가 나는 것 같았다. 이제 대학생이 되어 낮에는 연꽃동산에서 근무하고 밤에는 야간대학에서 공부하게 되었다.

그동안 사회성(세속적 가치, 이해타산 등)이 종교성을 핍박하는 것을 겪으며, 아름다운 보시도 사회성의 눈에는 죄가 되는 것을 보았다.

"왜 봉사하느냐?"는 질문에 대답을 해도 사회성은 그동안의 폐습으로 종교성을 하대하며 무시한다. 다음 복지재단 때는 오늘의 이 일들을 기억하고 대승의 종교성으로 사회성을 제도할 수 있게 부처님 말씀으로 준비할 계획이다.

요리실 박진여심 보살님은 장애아동시설 봉사로 다시 태어났다. 예전에는 남들보다 수입이 많았어도 매달 마이너스의 삶을 살았는데 이제는 수입이 백만 원만 되어도 몇 십만 원씩 남는다고 한다. 예쁜 얼굴, 예쁜 미소는 아들딸의 어머니로 훌륭하다.

이곳 수행 터에서 원장님은 마하연이 되었다. 이제 큰 연꽃이 되어 세상을 정토세계로 바꾸게 되었다.

명법사 복지재단

나 하나만의 세계에서 우리 모두가 하나 되는 세계로 이어지는 꿈이 실현되는 순간이다. 현금 5억이 법에서 정한 복지재단 허가의 기준이다. 티끌 모아 태산이라는 말이 있다. 보시의 공양 중 가장 큰 금액은 혜철 사숙님의 육천만 원이다.

어느 날 조카에게 미안하신지 한 말씀 하신다.

"나도 알고 있어. 좋은 일 하느라고 힘든 거! 나도 갈 때 다 베풀고 갈 거야."

"사숙님! 그때는 너무 늦습니다. 지금이 가장 좋은 때입니다. 제가 좋은 일 한다고 생각하시면 지금 주세요!"

명법사 복지재단 개소식

얼마나 고이고이 모은 돈인가? 큰 금액을 받고 보니 힘이 생겼다. 5억을 만들고 나니 잠이 오지 않는다. 처음 명법사에서 포교를 시작하며 김정환 거사로부터 백만 원을 보시 받아 불사를 시작할 때도 오늘처럼 이렇게 잠을 자지 못했다. 절 앞 건물을 5억에 매입한 후 건물을 사회복지에 희사하는 동시에 서류를 갖추어 허가를 받아야 되는데, 시청에 다니는 김학규 거사님이 인허가를 받아다 주어서 노고를 덜 수 있었다.

복지사도 없는 상태로 시작하여 직원을 두어야 하는데, 경제적으로 힘든 것을 알고 조계종 복지재단 고문님이 내려오셔서 신도 한 명을 정하면 전문지식을 전수해 주겠다고 한다. 김정환 거사님이 10일 간 교육을 받기로 했다. 저녁에 과일과 차를 준비하여 찾아가니 고문님은 하나를 가르치면 열을 안다고 매우 기뻐하셨다. 다음날 또 들르니 내일 가신다고 했다.

"무슨 일로 빨리 가시는데요?"

"오늘 하루는 제가 배웠습니다. 저는 이론인데 거사님은 실무자네요."

잠시 잊고 있었는데, 자율방범대 사단법인을 만든 장본인이 거사님이었다.

"스님, 복도 많으십니다. 곁에 계신 분이 우리 같은 이론가가 아닌 실무자니 참으로 잘 되었습니다."라는 말을 남기고 가셨다.

강병모 거사님은 사회복지과에 입학하여 만학의 고행으로 복지사가 되었다. 일화성 보살님께 입학을 부탁하니 열심히 수학하여 복지사가 되었다. 이제 두 분의 복지사가 계시니 큰 힘이 생긴다.

속리산 버섯요리를 시작하며 대승의 꿈과 대승의 뜻을 세웠고, 장애주간아동센터를 통해 대승불교의 이론이 성립되었다. 이제 명법사 사회복지재단은 대승불교를 실천할 몸이 생긴 것이다. 저 사회성을 극복하려면 종교성이 청정해야 하지 않겠나!

명법사 사회복지재단은 장애인·극노인 목욕봉사를 하고 토요일마다 역전에서 노숙자 및 노인들께 점심공양을 무료로 제공한다. 보리살타 주간노인금빛학교를 운영하고, 학생들에게 장학금을 지급하며, 재단에서 운영하는 행복한 은행을 갖추었다. 전국에서 발생하는 재난은 물론 불행한 곳에 임하는 대승보살도 수행의 제반행사를 실천한다.

천주교 200년, 기독교 100년의 사회복지를 명법사는 포교 30년 만에 동등한 위치에 섰다. 맑고 향기로운 연꽃동산 어린이집, 아가동산 어린이집, 명법사 복지재단, 보리살타 노인금빛학교, 행복한 은행, 역전 노숙자식사 봉사팀, 장애인·극노인 목욕차량 봉사팀 등을 운영하고 있다. 잠자는 것도, 밥 먹는 것도, 사는 것도, 죽는 것도 잊은 채, 이렇게 달려왔다.

복지재단 사무장인 강병모 거사는 대승불교 수행자로, ① 남편으로 ② 아빠로 ③ 사위로 ④ 복지사로 ⑤ 명법사 시자로 ⑥ 거사회원으로 ⑦ 상례지도사로 ⑧ 봉사자로 ⑨ 지점장으로 ⑩ 수행자로 ⑪ 사무장으로 십일면관세음보살의 수행을 열심히 정진한다.

속리산 버섯요리 대승의 정사유正思惟, 주간장애아동센터 대승의 정어正語, 명법사 사회복지법인 정업正業, 대승의 몸체를 갖추고 바라밀다를 향하여 명법사 보리살타들은 이 땅을 불국토로 만들기 위하여 최선을 다하고 있다.

산골짜기 물에서 바다에 이른 이야기

-구국음악회 부모은중경송

有眼不見유안불견 無我相무아상

有耳不聞유이불문 無法相무법상

理事法界이사법계 現國土현국토

世宗文化세종문화 終哀愍종애민

이 땅에서 정토세계를 누리게 되었다.

양성 큰스님께서 "이 세상을 용서하거라." 하신 말씀은 나의 대상은 인간이 아닌 이 세상이라는 말씀이셨다. 그때는 그 말씀을 잘 이해하지 못했다. 그러나 이 세상 때문에 출가하였고 그 서원으로 이곳까지 오게 되었다.

나 하나의 일체고액一切苦厄, 고통과 행복이 본래 둘이 아닌 것은 이미 오온개공도五蘊皆空度 할 때 소멸되었으나, 나의 대상은 저 세상이요, 일체중생이요, 우주 삼라만상으로, 그들의 고액이 내 눈 앞에 있기에 이곳까지 질주한 것이다.

착한 이들이 악한 이들 때문에 고생하고, 앞뒤가 맞지 않아도 올바르다고 하는 오염된 세상의 큰 욕심들이 나의 고통이었다는 말이다. 이 세상 모든 이들의 행복이 꼭 필요했다는 이야기다. 그러나 이제야 알게 되었다. 성인들 말씀 하나하나 읽어 보았을 때 지도하는 이들의 해석이 문제가 되었지 그분들 말씀은 다 거룩하시다. '너는 바로 부처다'라고 하신 말씀은 우리가 모두 부처님이 될 수 있다는 말씀이다. 단 나 하나만의 부처님은 아라한이요, 모든 이들을 다 부처님이 될 수 있게 하는 거룩한 부처님의 가르침은 대자大慈요 대비大悲다.

어린 시절 교회에 다닐 때, '하느님(내 욕심 네 욕심을 버린 자리) 이외에 신을 두지 말라', '이웃을 내 몸처럼 사랑하라'는 실천이 있었다면 나는 힘들게 절에까지 오지 않았을 것이다.

내 주위를 부처님 같이 예경 찬탄할 때 십일면관세음보살의 수행이요, 이 수행이 성취되면 시냇물에 이른다.

내 주위와 하나 된 그 땅에서 진실로 상대의 거짓까지, 내 뜻·너의 뜻·상대의 거짓 뜻까지 함께 할 때가 되면, 진실은 처참하게 땅에 떨어지고 지키던 이들도 하나 둘 버리고 떠나도 흔들림 없이 부처님께 예경할 때면, 너와 나라고 구분지어도 이 둘은 이미 하나이다. 진실과 거짓의 대대代代가 끊어진 자리에서도 욕심이 자기인 줄 알고 집착하는 중생을 위하여 불공 올리고 기도 드린다.

자식을 사랑하는 어버이가 되었다. 42수 관세음보살 수행이 성취되니 강물에 도착했다.

깨달은 이理와 이곳까지 온 사事가 디딜 땅도 없고 송곳 세울 자리도 없을 때 이사무애법계理事無碍法界를 이룬다. 이理는 이理라도 이理가 아니요, 사事는 사事라도 사事가 아닌 세계에 이르면 자비심은 죄인이 된다.

인간이 어떻게 욕심을 버리고 살 수 있겠느냐는 이야기가 강물처럼 커진 것이다.

욕심을 버리는 진리(종교성)로 제도하면 복용하는 약이 치료제가 되기도 하고 때로는 부작용을 일으키기도 하나 끝까지 치료하는 강물이 되어야 사사무애事事無碍를 이룬다.

원력의 수행과 저 세상 일이 둘이 아닌 세계에 이른 것이다. 세인들의 의혹이 진의로 통하게 되면 바다에 이르게 된다. 아주 고요하고 편안하다. 땅은 다이아몬드가 되어 행복하다. 중생의 법신만 보이니 모두 제불諸佛이다.

욕심 있는 이가 와서 어떻게 하면 소원을 성취할 수 있느냐고 묻는다. "욕심을 버리시고 필요한 사람으로 사세요." 하니 "그런 밥 말고 원하는 밥을 주세요." 한다.

또 와서 "빨리 해탈하고자 합니다." 한다. "비우세요." 하니 "비우기 어려우니 대신 비워 주세요." 한다.

밥상은 차려 놓았는데 밥 먹을 사람이 없다. 부처님이 되는 방법은 있는데 해탈할 사람이 없다. 꼭 행복할 사람, 꼭 해탈할 사람의 선택뿐이다.

대승大乘은 불설佛說이 아니고 소승小乘만 불설佛說이라고 하는 분들을 위해 이 글을 적어 본다.

서울에 못 가 본 사람과 가 본 사람의 차이다. 할일을 했어도 아무 소득이 없으며, 소득 없다고 낙심할 필요도 없다. 부증불감不增不減하기 때문이다. 만약 이곳까지 오지 않았다면 나는 지금도 고뇌하고 연민했을 것이다. 정말로 대대代代가 소승이 아닌 대승을 성취하고 보니 여당도 야당도 없으며 타종교 내 종교도 없으며 효자와 불효자도 없다. 이 세상을 고민한 것은 내 차원의 경계임을 밝힌다.

선과 악, 너와 나, 옳고 그름, 이런 상대가 끊어진 경계, 소승이

부모은중경송 회향(세종문화회관)

아닌 대승의 경계에 와 보니 부처와 중생이 같고 사바세계와 극락세계가 같으며 불행과 행복이 같다. 욕심이 있는 이, 해탈하지 못한 이는 이 말을 해서는 안 된다.

중생들이 부처님·관세음보살님·지장보살님께 기도하고 소원 성취하기를 비는 것보다 부처님·관세음보살님·지장보살님께서 중생들이 더 큰 행복 얻기를 원하시며 영원한 행복까지 성취하기를 발원하시는 줄 이제 알게 되었다.

부모님은 가슴이 아프도록 자식을 사랑하는데 자식들은 부모님의 마음을 모르는 것도 같아서 세종문화회관에서 부모은중경송으로 회향하게 되었다. 불·보살님이라는 어머니는 지극한

원력의 마음으로 중생을 해탈시키기 위한 자비라면, 자식을 낳은 부모님들의 사랑은 애착에서 생긴 것이다. 명법사 신도님들은 애착에서 나오는 거룩한 사랑을 위하여 『부모은중경』 공양을 준비하였다.

중앙대 총장님께서 "스님, 이 준비금을 그대로 네팔 대성석가사에 시주하시는 것이 좋을 것 같습니다." 하신다.

이에 "총장님, 명법사만 복을 지으면 너무 적지 않을까요? 이 티켓 한 장 한 장 복을 지으면 복도 받고, 용성진종조사님의 원력에 대한민국 소망도 이루어지며, 이차 인연 공덕으로 모두 부처님이 될 것입니다." 하고 말씀드렸다.

욕심의 한 생각에 부처님을 등지고 결국 욕계欲界·색계色界·무색계無色界에서 윤회하지만, 한 생각 일어날 때마다 불성으로 돌리면 티끌이 태산되었을 때 오온五蘊이 개공도皆空度하니 아라한阿羅漢이다. 더 큰 대승의 성문(시냇물)을 이루고 나아가 대승의 연각(강물)을 이룬 후 대승의 보살(바닷물)을 성취할 수 있도록 베풀어 주신 큰 자비의 거룩하신 은혜에 감사 올리오며, 구국음악회 부모은중경송으로 밖의 세계를 회향하나이다.

貪慾殺我탐욕살아 谷水觀音곡수관음
殺生周邊살생주변 溪十一面계십일면
眞實殺生진실살생 江四十二강사십이
殺慈悲心살자비심 海千手眼해천수안

원력願力

龍城遺訓용성유훈 十事目십사목
道文法師도문법사 大願力대원력
四部大衆사부대중 奉佛事봉불사
大韓民國대한민국 佛國土불국토

사집 졸업여행 중 분황사에서 처음 불심당 도문 큰스님을 친견하고 '아! 이 세상에도 중생을 제도하시는 큰스님이 계시는구나.' 하고 안도의 숨을 쉬었다.

이 세상이 이토록 오염되어 고통의 늪에 빠져서 착하고 선한 이들이 악취에 시달려 살 수 없는 이 현실, 거짓을 진실로 포장

한 후 말로만 모두를 위한다는 사회성에 견딜 수 없어 장기를 기증하기로 마음먹었으나 그 일도 뜻을 이루지 못했다. 작은 키에 배운 것도 없는 이 스님 혼자라도 이 세상을 바로잡아야 하는 전쟁터에서 큰스님과의 만남은 천군만마를 얻은 듯 기뻤다.

그 후 수행이 익숙해지고 나이가 들면서 차츰 커진 불사 앞에 몸에 병이 들어서 죽을 때가 되었다. 내 자식을 맡기고 숨을 거둘 수밖에 없는 처참한 현실 앞에 지난 시간 큰스님을 만났던 기억과 크신 원력이 생각나서 전화를 드리게 되었다.

큰스님께서는 불사에 지쳐서 죽을 날만 기다리는 젊은 비구니를 위하여 보시 한 푼 받지 않으시고 1년이란 긴 시간 동안 명법사 신도들에게 법문을 해 주셨다.

도문 큰스님과 함께

어느 날 다시 살아나 도량을 거닐게 된 나를 보시고는 법회에 오지 않으셨다.

큰스님께서 법회가 겹치게 되어 "큰스님, 저희 불사는 이 세상을 위한 불사이니 큰스님 절 불사도 이 다음이어야 합니다." 하면 무슨 뜻인 줄 아시고 와주셨다. 회향식 때에는 눈이 와서 미끄러운데 어떻게 평택까지 가시느냐는 시자에게 이 세상을 위한 불사이니 꼭 가야 한다며 참석해 주셨다.

죄송해서 다른 큰스님을 모시고 법회 준비를 하다 사정이 생겨서 못 오시게 되면 다시 큰스님께 사정 말씀을 드려도 개의치 않으시고 법회에 와 주시는 큰스님! 이 제자는 항상 예경을 올립니다.

어느 날 이제는 '화정이가 직접 법회를 해도 된다'는 말씀을 하셨다. 하지만 나는 내 자신을 알기에 "이곳까지 온 이야기만 하겠습니다."라고 말씀드린 일도 있었다.

강물쯤 도착하니 「용성조사 유훈십사목遺訓十事目」 불사로 신문 사회면에 세상이 준비해야 할 말씀이 실렸다. 세상이 위태로우니 도움의 말씀을 하신 것이라 생각했다.

내가 사사무애事事無碍를 이루어 나라와 하나 되는 수행의 강물에 이르니 근심의 일들이 오히려 남북이 서로 만나는 경축의 회향이 되었다. 큰스님의 대작 불사를 오히려 퇴색되게 만든 죄

송함으로 인하여 더욱 더 불사를 받들게 되었다.

이 많은 불사 속에서도 쉬지 않으시고 선정에 들지도 않으시며, 상락아정常樂我淨도 버리신 채 유훈불사를 수행하신다.

도문 큰스님께 "큰스님, 제가 이제 바다에 들어가면 공기처럼, 산소처럼, 소금처럼 살겠습니다." 하고 말씀드렸다.

바다에 들어오니 해인삼매海印三昧란 글이 어떤 의미인지 알게 되었다. 「용성진종조사 유훈십사목」이 대한민국의 행복을 위한 실천이요, 그 실천은 이 화정이를 위하여 애쓰신 것임을 알게 되었다.

그동안 내가 큰스님의 불사를 도와드렸다고 생각했는데 전혀 아니었다. 내가 이곳에 이르게 하기 위한 것일 뿐만 아니라 누구나 이 공덕에 동참하기만 하면 이곳까지 올 수 있게 하신 사랑이요, 자비심이요, 연민이신 것을 알게 되었다.

일생 동안 용선진종 조사님의 유훈인 대승불교를 실천하신, 하늘 아래 이 땅 위에 가장 높고 존귀하신 도문 큰스님!

유훈 불사 동참을 통하여 큰 뜻까지 친견할 수 있도록 이끌어 주신 은혜에 감사드리옵니다.

그동안 큰스님께서 제가 해야 할 일을 미리 해 주셔서 이제는 잠도 자고 밥도 제시간에 먹으며 숨도 고르고 살게 되었나이다.

열반에 들지 마시고 세상에 오래 계시어 중생의 복전이 되어 주시옵소서. 대한민국이 행복을 성취할 수 있는 유훈 실현에 대한민국의 수행자들과 온 국민들이 다 함께 동참할 수 있기를 발원하나이다.

백용성진종조사 유훈십사목(白龍城震鐘祖師 遺訓十事目)

제1사목 가야불교 초전법륜 폐허 성지를 잘 가꾸어라.

제2사목 고구려불교 초전법륜 폐허 성지를 잘 가꾸어라.

제3사목 백제불교 초전법륜 폐허 성지를 잘 가꾸어라.

제4사목 신라불교 초전법륜 폐허 성지를 잘 가꾸어라.

제5사목 사바세계 남섬부주의 성산聖山인 남산南山과 신라의 진산鎭山인 낭산狼山을 잘 수호하라.

제6사목 호국호법도량 남산 중 고위산高位山 천룡사지天龍寺址를 잘 가꾸어 수도 발원 교화 도량의 언덕으로 삼아라. 그리고 여력을 몰아 불타 탄생성지誕生聖地 가비라성 룸비니원藍毘尼園과 불타 성도성지成道聖地 부다가야 보리수원菩提樹園과 불타 초전법륜성지初轉法輪聖地 바라나시 녹야원鹿野苑과 불타 장구주석성지長久住錫聖地 사위성 기수급고독원祇樹給孤獨園과 불타 입멸성지入滅聖地 구시나가르 사라수원娑羅樹園 등 불교 불적 5대 성지를 잘 가꾸어라.

제7사목 연기 화엄부緣起華嚴部·소승 아함부小乘阿含部·대승 방등부大乘方等部·공혜 반야부空慧般若部·실상 법화부實相法華部·원적 열반부圓寂涅槃部의 6부 한문 경전을 한글 경전으로 번역·발간·유포하여 인천人天 백만 억 대중의 지혜智慧의 안목으로 삼도록 하라.

제8사목 삼귀의 오계三歸依五戒 수계법회를 통하여 수계제자가 1백만 명이 넘도록 할 것이며, 이 수계제자에게 아들이나 내지 손자대나 증손자대에 가서 한 아들이나 한 손자나 한 증손자를 잘 낳아서 잘 기르고 잘 가르쳐서 부처님 전에 바쳐 출가봉공出家奉公케 하라.

제9사목 온 겨레 전 인류 만 중생과 성불인연成佛因 緣을 지어 나가라.

제10사목 안으로 수행은 비묘엄밀秘妙嚴密하게 하고 교화는 중생의 근기根機를 따라하되, 악한 이나 선한 이를 가리지 말고 인연 따라 승려를 만들고 잘난 이나 못난 이를 가리지 말고 인연 따라 신도를 삼아 찬양도 받으면서 비방도 함께 받아 모두 다 함께 수용해서 『묘법연화경』 제20「상불경보살품」의 상불경보살常不輕菩薩의 수행을 본받아 성불인연成佛因緣을 지어 나가라.

법연法緣

홍명덕 선사께서는 산간불교를 도심불교로 이끈 이 시대의 선각자이시다.

선사의 제자 중 평생 내원사 입승을 사신 담연당 선경 노선사와 만공 대선사의 법연에 이어 화정과 원담 대선사의 법연은 대를 이은 너무나 소중하고 큰 인연이다.

담연당 선경 선사께서는 덕숭산 만공 대선사의 법문을 들으신 후 견성암에서 결재를 하였다. 그때 만공 대선사 앞에 나아가 삼배를 드리고 화두를 청하니 "머리도 모르고 꼬리도 모르는 주제에 무슨 화두냐."고 고함을 치셨다고 한다.

분한 마음이 맺혀서 사생결단을 하고 참선 공부에 전념하신 후 대성사 윤필암에 방부를 드렸다.

청안 선사께 나아가 화두 타기를 청하니 "만공 선사께 타지 못한 화두를 내가 왜 가르치겠느냐."며 버럭 소리치셨다고 한다.

분한 마음에 더 분하여 자는 것도 먹는 것도 잊은 채 21일 대용맹정진을 하게 되었는데 잠도 오지 않았다고 한다.

청안 선사께서 큰방에 이런 글을 써 붙이셨다.

"밑 없는 철배〔鐵船〕를 타고 육지에 행하여도 걸림이 없음을 알아라."

그 글을 보는 순간 마음의 의심이 화롯불에 눈 녹듯이 녹아내리며 마음이 확 열렸다고 한다.

밑 없는 철배란 마음이다. 마음은 본래 걸림이 없으니 육지에 간들 무슨 걸림이 있으랴 하는 생각이 들면서 '머리도 꼬리도 모른다'고 하신 만공 스님의 말씀이 홀연히 떠오르며 크게 깨닫게 되셨다. 만약 만공 큰스님이 곁에 계셨다면 둘러 태기를 치셨을 것이라 한다.

윤필암에서 세 철을 나시는 동안 공양주를 살며 정진하셨는데, 하루는 숙명통宿命通이 열려서 선사의 전생을 알게 되었고 누구든 쳐다만 보면 전생을 알 수 있었다고 한다.

3년 후 수덕사 만공 대선사께서 윤필암 대중에게 각각 아는 경계를 적어 보내라는 전달이 있었다.

선사께서 "윤필암 바위를 말랑말랑하게 삶아서 선지식께 공양 올리겠습니다."라고 답을 적어 보냈는데 만공 대선사께서 글을 받아 보신 후 "도인은 생 돌을 좋아하느니라."고 답장해 주셨다고 한다.

만공 대선사와 담연당 선경 노선사의 법연에 이어 원담 대선사와 화정의 법연은 숙명과도 같다.

27세에 처음 오온개공도五蘊皆空度 후 명법사 재건축법의 전망이 전무한 상태에서 불사의 출구를 찾다가 37살에 세상을 향한 연민과 반듯함에 대한 집착으로 결국 목숨을 잃게 되었다. 찰나 '곡불장직曲不藏直'이라는 화두는 타파되었으나 이미 숨을 거둔 상태였다. 하룻밤을 지나 새벽이 되어 다시 살아나 떠들어 대니 주위가 시끄러워졌다.

수덕사 원담 스님께 법을 청하니 오셔서 말씀하시길, 견성했으니 보림保任하라 하신다. 하지만 연이은 불사로 보림을 포기한 채 10년이란 시간이 지나 불사를 회향하게 되었다.

원담 스님께서 선경 노선사의 49재 법문을 하시기 위하여 명법사에 오셨다가 화정을 보시더니 법거량을 하신다.

"이제 보림되었으니 법상法床을 차려라!"

전게송傳偈頌을 내려주신다고 하신다.

"전계송 말고 이 세상 고통 받는 이들이 아프지 않는 것을 주세요! 저는 그것이 필요합니다."

나는 저들의 고통을 제거해 줄 방법을 달라며 눈물로 호소하였다.

그 후 법장사 부처님 점안식에 오셨을 때는 법체가 많이 쇠약해지셨다. 원담 대선사께서 입적하셨다는 소식을 듣고도 찾아뵙지 못하다가 49재 날에야 수덕사에 도착할 수 있었다.

큰스님 영정 앞에 서니 그동안 큰스님과의 인연이 떠올랐다.

비구·비구니의 차별이 끊어진 그 자리에서 어머니처럼 인자하셨던 큰스님! 제자의 잘못된 견해 앞에서는 불호령도 아끼지 않는 아버지 같이 엄격하셨던 큰스님! 그 힘찬 붓끝의 법기法氣는 수술 후 힘이 없으셔도 끝날 줄 모르고 베풀어 주신 은혜에 이 제자 이제 처음 말 배우는 아기처럼 옹알옹알 큰스님께 재롱을 떤다.

前日有事전일유사 不受法불수법

今日終齊금일종재 對靈師대영사

無傳無受무전무수 傳法頌전법송

同一師弟동일사제 薦度齊천도재

회향廻向

'구국음악회 부모은중경송'으로 밖의 세계는 회향하였으나, 내면의 회향 준비는 이제 시작되었다.

2007년 김제에 있는 성모암에 보시하였고, 백양사에 이르러 행선行禪 중에 근根·경境·식識이 하나를 이루게 되었다.

돌아와서 안성시 공도읍에 보리살타 수행도량을 건립하느라 일 년 동안 공사를 하였다.

아들, 딸 키우시느라 온 정성 다 바친 부모들의 노후에 행복한 기쁨을 드릴 금빛학교를 개강하였다. 이곳은 봉사자들의 수행정진을 위한 공간으로, 부처님 모습을 마음에, 생각에, 행동까지 그려 보는 수행을 한다.

오래 오래 익히다 보면 부처님을 닮지 않겠는가!

명법사 복지재단 내에 행복한 은행을 개설하여 고달픈 생활에 지친 이들이 새로운 삶을 출발할 수 있는 밑거름이 되어 주었다. 평택시가 쌍용자동차를 돕기 위한 민생은행을 개설하여 행복한 은행은 그곳에도 씨를 뿌렸다.

네 번이나 죽었다가 다시 살아났으니 생일을 정하기 어려우나 이 몸 태어난 날 수연잔치로 역전 무료 급식처에서 노숙자와 함께 식사공양을 했다. 신도님들은 실직한 쌍용자동차 직원들을 위한 모금에 동참하여 그들의 아픔과 상처에 약을 발라 주었다.

雙龍壽宴쌍용수연 同日時동일시
信徒信心신도신심 同一體동일체
求苦求難구고구난 觀自在관자재
衆生供養중생공양 同佛供동불공

30년의 사진 정리는 붙였다가 다시 붙이기를 한 달 동안 반복하고서야 끝이 났다. 손에 관절염이 올 정도로 힘든 작업이었다.

지금까지의 이법계理法界 수행과 사법계事法界 수행 하나하나를 정리하여 반야용선 계간지를 발행하였다. 글 한 번 써 본 적 없는 수행자가 마음을 그려 띄워 보낸다.

내면의 회향을 위하여 '화엄경 보현행원품송'을 연습 중이다.

금년에는 행복한 은행 자금으로 아가동산을 세웠다. 0세에서 3세까지 영아들을 위한 아가동산은 대한민국 최첨단이라고 원장님께서 기뻐하신다. 이제 요람에서 노후의 보리살타 금빛학교까지, 그리고 상례지도사도 준비되었다.

이제 지난날의 질주에서 조금씩 쉬어간다. 오늘의 이 작은 여유를 위하여 얼마나 계속된 정진이었을까? 이젠 "내일"이라는 말도 하게 되었다. 급했던 일들이 '천천히'로 변했다.

신도님들이 "전에는 스님 말씀대로 다 이루어지더니, 이제는 행사 때 비오는 것도 봅니다."라며 참 이상하다고 한다.

보리살타 금빛학교

몇 년 전부터 계산도 맞지 않는다. 바쁘면 법회도 참석하지 않고서 "신도님들을 믿습니다."라고 말한다. 아프면 병원 가겠지, 괴로우면 힘드니까 비우겠지, 무거우면 내려놓겠지, 부족한 줄 알면 복을 짓겠지, 상대가 힘들게 하면 빚 갚아서 좋다고 할 것이라고 믿는다. 그동안 귀가 아프도록 법문했기 때문이다.

가끔 무거운 짐을 진 이가 와서 법문을 듣고 가벼워져서 기뻐하며 돌아가는 것을 본다.

내면의 회향곡 『화엄경』 「보현행원품송」 음악회가 내년으로 미루어진다는 말을 듣고도 이제는 쉬면서 살려나 보다 하는 느긋함이 생긴다.

쳐다보면 다 안다는 것은 반대로 전혀 모르던 세계와 동일하더니, 이제 조금 부드럽게 되고 이해가 된다. 나를 무서워하던 신도들도 곁에서 함께 하는 것을 즐거워한다. 그래도 곁에서 고苦와 락樂을 함께하며, 고苦를 느낄 때 답을 줄 수 있는 것이 불법佛法이라고 이야기 해준다.

락樂이라고 느끼며 기뻐 뛰는 이를 보면 고와 락을 함께 느끼기 전에는 항상 윤회하니 한 번쯤 뒤돌아보면 영원을 살 수 있다고 속삭여준다. 공업의 행사에 많은 신도님 가족들이 동참하니 명법사는 욕심을 버리려고 다니는 사찰이 되었으며 행복할 수밖에 없는 사찰이 되었다.

정토淨土

佛心道文불심도문 遺訓實現유훈실현
法藏和靜법장화쟁 大乘點心대승점심
範熏首席범훈수석 耳根圓通이근원통
遇汪洋海우왕양해 入溜滴內입유적내

단 한 방울의 자비수로 이 땅에 정토세계를 이루기 위하여 시작한 자비수는 산골 물을 적시더니, 산골 물이 시냇물을 지나 강물에 이르렀을 때 박범훈 총장님께서는 크신 서원 나라사랑으로 중앙대학교에 국악대학을 세우시니, 서양음악으로 밀려난 한국의 소리를 찾으신 이근원통耳根圓通과 용성조사 유훈십사목이 대한민국의 행복을 위한 대자비 수행인 줄 깨닫게 된 강물에서의 인연이 바다에 이르러 부모은중경을 노래하였으며, 이제 왕양각해에 이르러 용성진종조사 유훈실현회 불심도문 큰스님의 대원력으로 승가대학교 교재 탄허 큰스님 한글토 번역본을 음악회 회향공덕으로 출판하게 되었습니다.

불기 2556년 부처님 오신날 행사를 준비하는 봉축위원회와 국립극장, 그동안 음악회를 준비해 온 명법사 합창단이 주최가 되었고, 문화체육관광부와 명법사 후원으로 박범훈 교육문화 수석께서 대승불교의 꽃 보현행원품송을 지휘하게 되었습니다.

나 하나를 여읜 실상들이 모여 이 국토 그대로 정토의 연꽃이 피었음을 노래하게 되었습니다. 이 티켓 한 장의 보시에서 이 공덕의 바다에 불사하신 모든 이들은 이 인연공덕으로 성불하여지이다.

● 불기 2556년(2012년) 4월 28일 국립극장에서 명법사와 종단과 나라가 하나 되는 음악회 개최

수행修行

非必是習비심시습 易果報역과보
是受用非시수용비 始是也시시야
善惡曲直선악곡직 前不異전불이
相對絶對상대절대 始解脫시해탈

국민들께 올리는 글

요즘 상영되는 뉴스를 보며 이 글을 올립니다.

몇몇 승려들의 수행이 부족하고 고통받는 이들의 어려움도 외면한 모양은 참으로 부끄러운 일입니다.

어찌 이 일뿐입니까?

정치, 경제, 문화, 종교의 부끄러운 일들이 우리 국민들 앞에 종종 뉴스를 통하여 보여집니다.

그때가 지나고 나면 그 일들은 해결하지 못한 채 국민들의 가슴에 근심으로 남습니다.

저는 17세에 땅 한 평 없이 세워진 무허가 사찰로 출가하게 되었습니다.

어린 나이에 저 사회가 말과 행동이 다를 적마다 고통스러워 모든 종교를 다니며 안식처를 찾다가 출가하였으나, 이곳 또한 자비라는 말은 있으나 현실에서 자비를 보지 못하였습니다. 무허가의 사찰을 허가 받은 사찰로 만들며 이 시대가 필요한 부처님 가르침을 실천하는 사찰을 만드는 과정은 손톱으로 돌을 파서 부처님을 조성하는 것만큼 참으로 긴 고행의 시간 이었으나 어느덧 60살이 넘게 되었습니다.

국민 여러분!

여러분도 저처럼 오늘의 대한민국을 만드시느라 고생하셨습니다.

분단된 전쟁의 흙더미 위에 오늘의 정치, 경제, 문화, 종교가 이렇게 성장할 수 있었던 것은 특정한 힘 있는 정치인과 경제인과 문화인과 종교인 때문이 아니라 힘없고 진실한 여러분들이 참고 견디며 열심히 노력한 결과라고 생각합니다.

국민 여러분!

우리는 이제 모두가 다 행복해야 합니다.

정치도, 뉴스에서 싸우는 이들은 잘 살펴서 생각하며, 당도 버리고 이권도 버리고 오직 국민을 위하여 말과 행동이 같은 분이 누구인가 살펴야 합니다.

경제 역시 진실한 물건을 만들고 수입과 지출을 밝혀 그 이익을 사회에 환원하는 기업을 국민들이 많이 사용해 준다면 경제 또한 돈 없고 힘든 국민들에게 희망이 될 것입니다.

종교 역시 어렵고 힘들고 갈등하는 이들에게 필요한 종교가 되려면 믿는 신도들과 성도들이 말로만 자비요 사랑이라 말하는 이보다는, 행동으로 힘없고 어려운 이들을 위하여 사랑과 자비의 삶을 사는 종교 지도자를 찾는다면 부끄러운 일들은 생기지 않을 것입니다.

우리는 뉴스에서 빙산이 바다 위에 솟은 것만 볼 뿐 바닷속 빙산은 보지 못합니다.

뉴스에 방영된 일들을 검찰청에서는 국민을 위하여 책임 있게 법대로 처리해야 합니다. 만약 법대로 처리하지 않는다면 국민들 앞에 더 큰 부끄러운 사람들일 것입니다.

이제 뉴스도 애쓰는 정치인, 경제인, 문화인, 종교인, 실천하면서도 말 한마디 못하는 힘없는 국민들을 찾아내어 방영된다면, 돈 한 푼 벌어도 진실하게 사는 국민들의 가슴은 메어지지 않고 희망을 갖는 사회가 될 것입니다.

모든 국민들이 행복하게 살 수 있기를 발원하며 삼가 이 글을 올립니다.

_한겨레신문, 2012년 5월 18일 기고

현연화現蓮華

同一宇宙동일우주 身口意신구의

同聞緣薩동문연살 成一乘성일승

緣起實相연기실상 不二門불이문

因果同時인과동시 現蓮華현연화

우리 몸과 입과 생각이 저 우주와 더불어 동일하고

대승성문 대승연각 대승보살이 하나의 승을 이루니

연기와 실상이 둘이 아닌 하나의 문이로다.

이 불입문에 이르고 보니 인과가 동시인 연화가 피었도다.

소승불교에서는 삼불능三不能을 말합니다. 하지만 40년 넘게 수행해 보니 대승에서는 대승성문과 대승연각과 대승보살행이 다른 것이 아니라 그대로 하나인 것을 깨달았습니다. 즉, 연기와 실상은 각각 다른 것이 아니며, 우리의 진면목과 우리가 사는 생활이 둘이 아니더라는 것입니다. 이는 마치 연꽃과 씨앗이 동시에 피어나는 것과 같은 이치입니다.

이 가르침이 바로 부처님께서 중생들이 자신과 같은 부처를 성취하기를 바라면서 설법하신 내용입니다. 우리가 지금 고통스럽게 바라보는 현실이지만 실상 현실은 행복 그 자체입니다. 그것을 바로 알아야 합니다.

말과 삶이 하나로 일치되어야 너와 내가 하나가 되는 신뢰가 만들어집니다.(대승성문)

상대를 배려하는 마음을 일으켜 상대의 부족이 본인의 부족인 줄 알고 먼저 고치다 보면 상대도 어느 사이에 고치고 있습니다.(대승연각)

상대에게 필요한 사람으로 언행일치의 믿음과 배려하는 마음은 기쁨의 생명수가 되어 모두가 다 함께 행복한 그날까지 정진합니다.(대승보살)

상대의 허물이 보이면 상대도 나의 허물을 알고 있다는 것입니다. 허물을 본 나부터 내 허물을 찾아 하나씩 하나씩 고쳐 가면 됩니다. 불행과 행복을 느끼는 것은 나라는 아상과 내 것이라는 집착에서 오는 것입니다. 우리는 그런 것을 버리는 수행을 해야 합니다. 원력이 부족하면 지장보살을 부르고 자비심이 부족하면 관세음보살을 불러 부족한 것을 충전시키면서 행복을 향해 나가다 보면 너와 내가 하나요, 이 국토 이대로 영원하고 행복한 국토임을 스스로 다 느낄 수 있는 것입니다.

불자의 편지

정토 구현

진열 스님

왕생 정토…『화엄경』「보현보살품」마지막쯤에

(1)

원컨대 내 목숨 마치려 할 때,	願我臨欲命終時
모든 번뇌 업장을 없애버리고	盡除一切諸障碍
아미타 부처님을 만나 뵈옵고,	面見彼佛阿彌陀
곧장 정토에 왕생하렵니다.	卽得往生安樂刹.

(2)

내 정토에 난 다음엔	我旣往生彼國已

눈앞에서 모든 소원 다 이루고, 現前成就此大願
남김없이 원만해져서 一切圓滿盡無餘
모든 중생들을 기쁘게 하리라. 利樂一切重生界.

여기서 보현보살이 목표로 하는 실천적 삶을 우리는 읽을 수 있다. 이것은 불교의 결론이자 모든 불자들이 실천해야 하는 불자들의 삶의 좌표다.

(1)은 정토에 왕생하는 것이고, (2)는 그 다음 중생을 기쁘게 하는 일이다.

(1)은 개인적으로 부지런히 닦는 일이요, (2)는 사회적으로 완성하는 길이다.

이를 보통 '위로는 깨달음을 구하고, 아래로는 중생을 구제한다'고 말한다.

(1)과 (2)를 합쳐서 한마디로 '정토의 구현'이라 한다.

개인적 정토와 사회적 정토를 아울러 이룩함이다.

그 정토淨土를 이룩한다는 내용은 무언가?

첫째, 번뇌 업장을 녹이는 공부를 열심히 해야 한다.

요컨대 부처님 가르침을 배우고 참회하는 일이다. 배우면서 참회하는 과정에서 업장이 녹아지고, 마침내 아미타 부처님을 만나 뵈올 수 있다.

둘째, 기쁜 마음과 태도로써 이웃을 대하는 일이다.

중생을 기쁘게 하는 일이란 그들의 얼굴에 웃음의 꽃이 피도록 하는 것이다. 웃으려면 삶이 보현보살의 행원行願처럼 되어야 가능하다. 항상 웃으면서 살면 그곳이 바로 정토요 부처님 세계다.

연평도에 포탄이 떨어지고, 한반도에 곧 전쟁이 일어날 듯 시국이 뒤숭숭하다. 아니 원래 중생이 사는 사바세계는 웃음이 없는 그런 고통의 바다라 하셨다.

앞서려고 생존 경쟁하느라고 앞만 쳐다보고 달리기만 한다.

'삼계三界의 불난 집'처럼, 욕망의 불을 지피고 있다.

그러한 힘든 세상에서도, 지금 보현보살의 행원이 이루어진 곳이 있는가?

명법사明法寺가 바로 그런 보현보살의 도량이다……

진열 쓰다.

감사感謝

연꽃동산 어린이집 원장 김진

천명을 아는 나이에 접어들면서도 그 뜻은 아직 알지 못한다. 하지만 아침에 처음 느끼는 호흡을 인식하고 아직 할일이, 끝나지 않은 시간들이 나를 기다리고 있다는 생각에 감사하는 마음으로 삼귀의를 하며 하루를 맞이한다. 오늘은 다황차 향기에 젖어 부처님과의 인연을 되돌아본다.

부처님과 관세음보살님의 가피加被가 가득한 명법사

사람은 누구나 행복한 삶을 원한다. 그 행복의 목적지를 향해 혼자 묵묵히 길(道)을 가는 사람이 있는가 하면, 지도자의 안내에 따라 지름길(道)로 가는 사람도 있다. 그래서 행복의 안내자를

'도인道人'이라고 하나 보다.

그러나 요즘 같은 치열한 경쟁사회에서 사람들은 정신적으로나 심리적으로 많이 지쳐 있다. 그래서 지도자에게 의지하며 지름길로 편안하게 행복의 목적지를 가려고 한다. 이러한 심리를 알고 혼탁한 세상에는 도인이 많이 등장하는 것 같다.

어떤 사람은 묻는다.

"그럼 어떤 사람이 진정한 도인인가요?"

우리가 여행을 할 때 어떤 가이드(guide)를 만나느냐에 따라 여행이 생각 이상으로 즐겁고 행복한 여행이 될 수도 있다. 반면 가이드가 쇼핑하는 곳만 안내하여 원하지 않은 물건을 구입해야 하거나 가이드와 갈등을 일으키기도 한다.

부처님과 관세음보살님의 가피가 가득한 평택 명법사는 모두가 함께 가는 반야용선을 띄웠다. 내가 아는 반야용선은 "어기 영차, 어기 영차" 노를 저으며 간다. 모터를 달고 빨리 갈 수도 있겠지만, 혹 반야용선에 타고 싶은 사람이 놓칠까 봐 천천히 노를 저어 가는 것이다. 그래서 반야용선은 언행일치, 따뜻한 마음과 손발로 모두를 위해 봉사하는 사람에게는 승차할 수 있는 기회가 항상 열려 있다. 또한 배의 속도가 느려 내리고 싶으면 내릴 수도 있다. 큰스님이 알려 주시는 방향 따라 천천히 여유롭게 모두 함께 "어기 영차" "어기 영차" 소리에 맞춰 노를 젓다 보면 우리는 알게 된다. 모두 함께 소리 맞춰 노를 젓는 지금 이 순간이 행복이라는 것을……. 이것이 큰스님의 가르침이고, 또한 우리가 가고자 하는 목적지의 지름길이라는 것을 깨닫게 된다. 그래서 '반야용선'인가 보다.

존경하는 법장당 화정 큰스님

부모들은 자신이 걸어온 삶의 경험을 통해 자식에게 이렇게 해라 저렇게 해라 하며 자식을 행복의 길로 안내하려 한다. 어떤 자식은 그것이 부모가 자신을 사랑하여 편안하고 행복할 수 있는 길을 알려주는 것임을 알고 잘 따른다. 또 어떤 자식은 듣기 싫은 잔소리라고 여겨 다른 길로 들어가 길을 잃고 헤매거나 늪에 빠지기도 한다.

깨달음의 세계도 깨달음을 경험한 사람만 안내할 수 있는 것이다. 명법사의 반야용선은 큰스님의 진두지휘陣頭指揮 아래 모두가 행복할 수 있는 곳, 모두가 평화로울 수 있는 곳, 모두가 안락할 수 있는 곳을 향해 가고 있다.

그리고 "갈 곳도 없고 올 곳도 없다. 본래 행복은 가지고 있는 것이다. 지금 바로 깨어 있는 이 순간이 진여眞如요, 본성本性이요, 행복이다."라고 하시며 우리가 번뇌의 껍질에서 깨고 나올 수 있도록 "할豁!"을 하신다. 할豁 소리는 탁啄이 되어 우리가 찾지 못했던 출구를 열어 준다. 감사함과 존경심이 저절로 일어나 두 손을 모은다.

내가 닮고 싶은 하택신회荷澤神會 선사

하택신회 선사(684~758)를 알게 된 것은 1990년대이다. 중국 무협지와 무협영화를 즐기는 나에게 큰스님은 『육조단경』을 주셨다. 이 책을 누가 썼을까 궁금해하며 흥미롭게 읽었다. 여기저기 자료를 찾다가 혜능 대사의 제자인 하택신회 선사가 『육조단경』과 관련이 있다는 것을 알게 되었다. 그리고 시간이 지나면서 신회 선사는 반야사상, 대승불교, 생활 속에서의 선정禪定을 확립시킨 대선사라는 것도 알게 되었다.

신회 선사는 그 당시 누구도 견줄 수 없을 정도로 천재적인 스님이셨던 것 같다. 그러나 내가 신회 선사를 닮고자 하는 것은 그분의 뛰어난 학식이 아니다. 측천무후의 총애에 힘입어 많은 학승으로부터 존경을 받았던 신수 대사를 제치고 자신의 스승의 지위를 확고하게 한 신회 선사의 노력을 본받고 싶은 것이다.

하택신회 선사와 나의 은사 스님이신 법장당 화정 큰스님을 화두를 챙기듯 항상 마음에서 놓치지 않고 있다.

어린이 법회

명법사와 인연을 맺게 해준 우리 연화 어린이들.

불교에 대해 알고 싶어 청년회에 가입한 지 얼마 되지 않은 나를 다른 신도와 함께 조계사에서 열린 불교 어린이지도자 교육을 받게 하셨다. 차비와 식비까지 챙겨 주셨다. 그 인연으로 지금까지 여름이면 지도자 연수교육에 참석하고 있다. 그리고 26년째 어린이회의 지도교사로서 활동하고 있다.

큰스님은 청소년 포교를 위해 헌신적으로 노력하신 덕분에 내가 명법사에 왔을 때 이미 어린이회, 학생회, 청년회, 신도회가 활성화되어 있었다. 작은 사찰에서 어떻게 이렇게 조직이 잘 이루어졌는지 놀랍기도 하고 궁금하기도 했다. 그것은 편찮으신 몸으로도 불교의 포교를 위해서라면 목숨도 아끼시지 않고 행을 하시는 보현보살인 큰스님이 계셨기 때문이다. 포교를 위해 노력하시는 큰스님에게 조금이나마 도움이 되어 드리려고 어린이 법회를 맡았다. 그런데 해가 갈수록 내가 도움을 드리는 것이 아니라 도움을 받고 있다는 것을 알게 되었다.

1989년 봄, 어린이 법회를 마치고 군산으로 친정 가족들과 벚꽃 구경을 갔다 오는 길에 대형 교통사고가 났다. 우리가 타고 가던 봉고차가 오토바이를 피하려다 뒤집어지며 반대 차선을 지나 농수로로 굴러 떨어진 것이다. 차가 구르는 동안 차 안에서는 누구 하나 소리 내는 사람이 없었다. 나 역시 '이것이 죽음이구나.' 하고 조용히 받아들였던 순간이었다. 차가 멈추고 나서야 서로 안부를 물었다. 그리고 한 명씩 차 밖으로 나와서 보니 한 명도 다친 사람이 없었다. 그때 친정어머니께서 "네가 어린이 법회를 보고 와서 우리가 아무도 다치지 않았나 보다. 관세음보살!" 하신다. 구겨진 봉고차를 보면서 한 사람도 다치지 않았다는 것이 마냥 신기했다. 그 차는 더 이상 운행할 수 없어 폐차되었다.

또 한 번은 1997년 여름에 친정어머니가 다녀가라고 연락을 하셨다. 어린이 법회를 마치고 아들과 함께 친정집으로 가는 길에 교통사고가 났다. 다른 승용차가 아들이 앉아 있는 쪽을 들이받은 것이다. 차에서 내려 보니 우리 차도 많이 찌그러졌지만 상대방 차는 앞쪽이 엉망이었다. 사람들은 몰려왔고 모두들 나와 아들에게 괜찮냐고 물으며 근처 병원으로 데리고 갔다. 놀라서 달려오신 어머니는 아무렇지 않은 우리를 보고 "네가 어린이 법회를 보고 와서 부처님이 보살펴 주신 거야." 하신다. 그때 다행히도 상대방 차가 우리 차 앞바퀴 휠을 받아서 폐차 직전이었지만, 우리는 놀랐을 뿐 다치지는 않았다. 조금 뒤쪽을 부딪쳤으면 나와 아들은 크게 다쳤을 것이라고 한다. 그 순간 어린이 법회에 오는 아이들이 나의 신중님이라는 것을 깨닫게 되었다.

어린이 법회를 맡으면서 내가 아이들에게 준 것보다 받은 것이 더 많아 감사함에 두 손을 모은다.

공덕의 밭, 맑고 향기로운 연꽃동산 어린이집

공덕의 밭은 넓고 넓어 누구든 씨를 뿌리면 큰 결과를 얻는다. 이러한 결과를 얻게 하려고 200명의 아기 부처님들은 출석 도장을 찍고 열심히 염불을 한다. 염불하는 모습도 다양하다. 방글방글 웃으며 염불하는 아이, 얼굴을 찡그리고 하는 아이, 친구와 다투면서 하는 아이, 울면서 하는 아이, 뛰어다니면서 하는 아이, 볼이 부어서 하는 아이, 춤을 추며 하는 아이, 선생님을 따라다니며 하는 아이 등 다양한 모습들로 함께하는 어른들의 마음의 때를 닦아준다. 감사함이 온몸으로 퍼진다. 우리 아기 부처님들이 머무르는 곳마다 행복의 빛이 가득하길 두 손 모은다.

삶을 성숙하게 만들어 준 장애인주간보호센터

법장당 화정 큰스님께서는 평택시 아이들을 위해 맑고 향기로운 연꽃동산을 설립하셨고, 교직원들은 그 뜻을 받들어 지금도 최선을 다하고 있다. 그리고 큰스님께서는 음지에 있을 장애 아동들을 위한 공간을 마련하기 위해 장애인주간보호센터의 장場을 만드셨다.

그 과정에서 직원들은 평택시에 장애 아동이 많이 있다는 것을 새롭게 알게 되었고, 또 그 아이들을 보면서 자신이 얼마나 큰 복전福田에 있는지를 몸소 느꼈다. 그 감사함을 회향하기 위해 큰스님의 뜻을 받들어 아이들을 부족함 없이 돌보기 위해 직원들은 동분서주하며 수행 정진하였다. 그러면서 아이들이 부족한 것이 아니라 부족한 우리의 눈과 마음으로 그들을 보았기 때문에 아이들이 부족해 보이는 것뿐이라는 것을 알게 되었다.

아이들의 지장보살이신 김영범 거사님, 헌신적으로 아이들을 보살펴 주신 관세음보살 김효진(김숙희) 선생님, 아이들에게 늘 기쁨을 주셨던 극락조 같은 진여심 보살님, 아이들의 손과 발이 되어주신 보현보살 선계연 보살님, 그리고 부족한 나를 일깨워줬던 아이들을 생각하니 감사함에 가슴이 뭉클하다. 모두들 건강하고 늘 행복하기를 바라며 두 손 모은다.

겸손함을 가르쳐 주는 보살선원

월요일마다 어르신들을 만나러 보살선원에 간다. 갈 때마다 느끼는 것이지만 마치 연애를 하는 것처럼 가슴이 설렌다. 어르신들의 초연한 모습, 긍정적 사고, 상대를 벼려해 주시는 모습은 그대로가 보살님이시다. 아마도 그 모습을 볼 수 있어서 설레는 것 같다. 그래서 선원禪院의 이름이 보살선원인가 보다.

보살선원에 오시는 어르신들을 뵐 때면 마치 겨울 풍경을 보는 것 같다. 평화롭고, 고요하며 아름답다. 그러면서도 마른 나뭇가지 속에서 봄을 준비하는 움직임이 있듯이, 어르신들도 내면의 에너지를 정화하여 새봄을 맞이하려 명상을 하신다. 그 모습에 나 자신은 저절로 겸손해진다. 나도 세월이 흘러 보살님들 나이가 되었을 때 아름다움의 향기가 날 수 있기를, 보살님이 걸어가신 발자국을 바라보며 감사한 마음으로 두 손을 모은다.

정진 발원문精進 發願文

법현 스님

두 손 모아 한 줄기 맑은 향 피워 부처님께 드리옵니다.

온 누리 고통 받는 중생들을 갖가지 방편 써서

깨달음의 세계로 인도하시는 거룩하신 부처님!

룸비니에서 태어나 끊임없는 정진으로

보리수 아래에서 바른 깨달음을 이루시고

45년 간 쉼 없이 법문을 설해 주셨습니다.

수준 따라 알맞게 가르치셨지만

어리석은 이들은 욕심이라는 그림자에 가려

맑고 푸른 하늘 같은 그 마음
바로 보지 못하였습니다.

인연 따라 배움터에 와서
제대로 알고 보면
틀려(誤) 보이는 것도 다른(異) 것에 지나지 않는 것이요
다르게 보이는 것도 끝내는 같은(同) 것이며
그리 보니 틀리지 않고 맞는(正) 것이라는
여래의 눈을 주신 스승들께
깊이 감사드립니다.

가르침을 배우고서
기쁜 마음으로 살았는지,
슬픔에 쌓인 어두운 마음이었는지
한 줄기 향을 사르면서 돌이켜봅니다.

거룩하신 부처님의 가르침(dhamma)을 만나
귀의하였고 발심하였으니
다른 것을 틀리다고 잘못 보고
더 이상 어리석음으로 다투지 않겠습니다.

마음속에 자리한 어리석음
반야의 등불과 지혜의 칼로
업장을 소멸시켜 가볍고 평온한 마음
지니겠습니다.

첫 마음으로 돌아가
선근공덕을 지을 때는 관세음보살님의 자비심으로
마음속 혼란을 물리칠 때는 사천왕의 기세로
정법을 수호하고 널리 전하는
여래의 사자가 되겠습니다.

부처님처럼
생각하고 말하고 행동하는 불자가 되겠습니다.
그리하여 마침내 깨달음을 널리 나누는 불자가 되겠습니다.

어려운 고난과 역경이 다가와도
굳센 믿음으로 물러서지 아니하고
크나큰 원력 따라서 전진하여
다 함께 성불하는
그날까지 정진할 것을 발원합니다.

나무 석가모니불

나무 석가모니불

나무 시아본사 석가모니불

법현 스님_ (現)태고종 부원장, 열린선원 원장, 한국불교종단협의회상임이사, 한국종교인평화회의 감사로, 사람들의 마음에 본디 있는 평화를 드러내려 노력하고 있다. 명법사 학생회 출신으로 어린이법회, 학생회, 청년회 지도법사를 역임하였다.

21세기 사라수 대왕

행복한 은행장 강병모(선견)

거룩한 부처님께 귀의합니다.

거룩한 가르침에 귀의합니다.

거룩한 스님들께 귀의합니다.

내가 처음 불교를 만난 것은 20년 전쯤 수원에 있는 봉녕사에서였다. 아마도 부처님 오신날 법회였던 것으로 기억된다. 법사 스님이 법문 중에 "불교는 우리 자신이 부처임을 자각하는 종교다."라는 말씀을 하셨다. 그 말씀은 당시 기독교 신앙에 젖어 있던 나에게 신선한 충격이었다.

'어떻게 내가 부처이고 부처가 될 수 있다는 말인가?'

의심을 하고 부정을 해도 마땅했을 법한데 전혀 낯설지 않고 거부감 없이 받아들였다. 어쩌면 그렇게 시작된 불교와의 만남은 필연적이었나 보다.

새롭게 학업을 시작하는 학생처럼 학구열이 솟아오르고 희열이 느껴지고 다시 태어난 것 같았다. 아울러 삶의 괴로움으로부터 벗어나고 싶다는 숙제가 시작되었다.

'부처님은 어떤 분일까?'

'부처님께서 출가를 하지 않으면 안 될 시대적 상황은 무엇인가?'

'나는 어떻게 살아야 할까?'

절에 가서 스님들의 법문을 들으면 들을수록 갈증이 생겼다. 무엇인가를 더 찾고 싶은 충동이 그치지 않았다.

나한기도를 하면서 나를 비롯한 가족 모두가 행복하기를 간절히 발원하였다. 진실하고 바르게 살면 이룰 수 있다고 믿는 것이 내 종교생활의 전부였다.

그러다가 지중한 인연의 땅 평택에서 명법사를 만나고 큰스님을 친견하였다.

어쩌면 큰스님 말씀처럼 예고된 행복의 시작이었을까?

석가모니 부처님께서 인간의 몸으로 오셔서 보여주신 모든 것은, 누구라도 나와 같이 그대로 실천한다면 누구나 다 완성될 수 있다는 모델로서의 화신이었다. 형이상학적이고 비현실적인 종교 논리는 그야말로 입으로, 마음으로 행해지는 작은 이룸, 작은 닦음에 불과할 뿐이다.

나와 너가 없는 우리 모두의 안락국, 불국정토의 완성은 언행일치를 근거로 하고, 관세음보살의 대자대비를 뗏목으로 하여 진실의 꽃을 피울 수 있다는 것을 몸소 보여주시는 스승의 가르침은 너무도 멀고 아득하였다.

"이제부터는 나한기도 그만하고 관음기도를 해라." 하신 큰스님의 뜻을 미혹하나마 조금은 이해할 수 있었다.

사회복지를 위해 신용협동조합을 만드신다며 그 소임을 맡아서 수행하라 하신다.

한 가족의 가장으로 선뜻 대답을 드리지 못하니 아내가 입을 연다.

"알아지이다! 알아지이다! / 당신과 나 하나 되어 / 저 세상과 함께하는 행복한 세계 / 아미타불 계실 곳 이루소서.(원앙송)

가게는 제가 맡겠습니다. 큰스님 따라 저 세상과 함께하는 대승 수행을 위해 당신과 저는 도반이 되겠습니다."

습관의 업력을 이겨내는 고통과 고된 수행은 현실이었다.

신협은 큰스님의 발원에 미흡하여 포기하고 나는 명법사의 머슴이 되었다.

조용한 마음에 밖의 파도는 거셌다. 순간순간 무너져 내리고 주저앉고 싶었다.

평생 사무실에서 펜대만 만지던 내가 보리살타 노인복지시설을 건축하다 보니 잡부로부터 사회복지시설에 이르기까지 그야말로 삭발하지 않은 행자가 되었다.

보리살타 노인복지시설이 완성될 때까지 나를 지탱하게 해주었던 뿌리는 "욕심을 버리자."라는 마음이었다.

큰스님은 보살이 중생들을 측은히 여겨 호소하듯이 욕망이 삶의 괴로움의 씨앗이라고 법문하셨다. 그 법문은 내게 보약과도 같아 '나'라는 상의 병에서 다시금 일어서게 한다.

아내의 노래가 들린다.

"다다르리! 이르오리! / 우리 모두 하나 되는 세계 / 아미타불께 항상 향공양 올리오리다."(원앙송)

우리는 전생에도 도반이었나 보다.

스님께서 어느 날 말씀하셨다.

"이 세상에 우리 함께 만나러 왔지요. 어느 생에 또 다시 사람몸 받고 거룩한 불법 만나 바른 법 만날 수 있을 것인가!"

내가 바른 법과 진리를 버리지 않고 함께 살아가는 방법론을 실천할 수 있도록 아낌없이 보시해 주는 나의 아내와 딸은 좌우보처라 하겠다.

명법사의 봉사자들은 욕심을 버리기 위해 수행한다.

이 땅 모든 이들의 행복을 위한 감로의 법문을 들었는지, 그늘진 이들이 왔다가 웃음 꽃나무도 되고 배고픈 이들의 밥을 챙기며 자기 배도 저절로 불러 오는 것을 본다.

신협은 포기했지만 행복한 은행을 개설하여 지점장이 되었다.

우리의 자산은 한 푼이 일체인데 이 일체를 다 어떻게 쓰겠느냐고 하신다.

오직 중생을 위한 삶이 전부이신 큰스님의 뜻을 따라 선근을 닦고 무상도 이루기를 지성으로 발원해 주는 도반 무상행은 오늘도 내게 속삭인다.

"깨닫게 되었네! 깨닫게 되었네! / 욕심 버리고 우리 하나 되었네! / 너 없는 나는 없는 이곳 / 아미타불 본신과 둘이 아닌 이곳 / 행복한 곳 극락세계라네."(원앙송)

나는 오늘도, 또 내일도, 거룩한 부처님과 큰스님의 원력 따라 일체 중생들도 부처님 은혜 함께할 때 불국정토 함께 이뤄질 것을 믿으며 불퇴전의 정진을 멈추지 않을 것이다.

화정 스님의 자비불사

안직수(원명)

"이리로 와서 앉아요. 많이 추운가 보네. 손이 얼었어."

수년 전 겨울, 스님을 찾아갔을 때였다.

스님은 당신의 방에서 가장 따뜻한 곳을 내어주고 이런저런 이야기를 들려주셨다. 마치 나이 차이 많이 나는 큰누님이 막내 동생을 대하는 듯한, 오랜만에 집에 온 아들을 대하는 어머니 같은 느낌이랄까. 법장 화정 스님을 떠올리면 그때의 느낌이 떠오른다.

우리나라에서 도인이라 불리는 스님들이 몇 분 계신다. 전남 장수에 주석하고 계신 도문 스님이 그중 한 분이시다. 비구니 스님 가운데서 찾으라면 당연히 화정 스님을 먼저 떠올리게 된다.

세상을 바라보는 정확한 시각, 지금의 세인들이 갈망하는 바를 찾아내 해결 방법을 몸소 실천해 보이는 분이 바로 화정 스님이기 때문이다.

사회복지의 개념이 우리나라에서 막 걸음마를 걷던 1980년대, 스님은 노숙자를 위한 무료급식을 시작하였으며 소년소녀 가장, 독거노인 등 우리 사회가 돌보아야 할 사람들을 구하는 데 먼저 팔을 걷어붙였다. IMF로 우리 사회에 깊은 시름이 시작되자 식당을 경영한 수익금으로 실직자 자녀들의 학비와 학교급식을 지원하였다. 그리고 복지재단을 설립한 후 사회사업을 어느 단체보다 앞서 시작했다. 어린이 포교·청소년 포교는 이미 30여 년 전부터 시작한 불사다.

아직 불교계에서 생각하지 못했던, 하지만 사회에서 절실하게 불교계에 원하던 일들을 하나하나 실천하는 보현보살의 삶을 걷는 분. 그래서 법장 화정 스님은 깨달음을 얻고 무한한 중생 사랑의 자비를 베풀어 주는 우리 시대의 도인이다.

"수행자의 길을 걸으면서 항상 가졌던 고민이 있었습니다. '이 세상에 과연 사랑이 있을까? 이 세상에 과연 진정한 자비가 있을까?' 하는 것이었습니다. 전 보았습니다. 자식이 부모를 제주도에 버리고 갔는데, 그 부모는 혹시 자식에게 피해가 갈까 하는 마음에 이름도 모른다 주소도 기억나지 않는다고 거짓말을 하는 모습을 보면서 그 지극한 자비심과 사랑을 알았습니다. 여기 모인 분들은 명법사의 어려움을 함께 겪으며 도와 주신 노보살님들입니다. 이제 노후를 즐겨야 할 나이지만 먹고 즐길 여유도 없이 자식들을 위해 기도하는 것으로 소일을 삼고 있는 노보살님들을 보면서 이 건물을 지었습니다. 여러분이야말로 보리살타, 깨달음을 얻은 이들이십니다."

2008년 보리살타 개원식에 취재를 갔었다. 그때 스님의 인사말은 너무도 큰 감동이었다. 스님의 말을 듣는 보살님들의 행복에 가득 찬 모습을 보면서 명법사 신도들은 참 복이 많은 사람들이라는 생각을 했다.

불교신문에서 '폐허 위에 세운 부처님 나라'라는 이름으로 기획연재를 한 적이 있다. 그때 선정된 사찰 가운데 하나가 명법사였다. 초막에 지나지 않는 조그만 인법당을 현재의 사찰로 키워낸 불사의 원력이 처음 취재의 대상이었다. 하지만 그 과정에서 알게 된 화정 스님의 진면목은 다른 데 있었다.

'중생에 대한 무한한 자비불사.'

내가 바라본 스님의 불사는 바로 사람을 향하고 있었다.

스님과 불자로의 예의를 바라지 않고 누구든지 손을 잡아주며 "열심히 이 한 생 살아 보라."고 격려하는 스님이시다. 30년을 만난 인연들과 이 시대에 필요한 불교의 역할로 대승불교를

꽃피워 점심點心한 후 대승의 반야용선에 같이 올라타라고 손을
내밀어 주시는 스님께 감사드린다.

안직수_ 現 불교신문사 기자. 불교신문사 국장 및 한국불교기자협회장 역임. 저서에 『암자를 찾아서』, 『아름다운 인생』, 『한국의 대종사들』(공저), 번역서에 『울어버린 빨강도깨비』가 있다.

땀 흘린 만큼 거두는 정직한 진리 '농사'

신상례(미타심)

나는 지난 여름 내내 잡초들과 씨름하며 시간을 보냈다.

아직은 어리고 작기만 한 매실이며 체리나무를 심어 놓은 밭고랑 사이사이에 콩이며 옥수수, 호박, 가지, 토마토, 오이, 고추, 열무, 배추, 상추 등 온갖 씨앗을 뿌리고 그 뜨거웠던 한여름을 함께 지낸 것이다.

좀 거창해 보일지 모르지만 뭇 생명들 또한 우리 생명과 다름이 없다는 생명존중사상을 바탕으로 일체의 농약과 농기계를 사용하지 않고 호미와 괭이만을 이용한 농사는 정말 호락호락한 일이 아니었다.

풀을 뽑고 땅을 뒤집고 씨앗을 뿌리고 나면 어느새 잡초가 무성하게 올라온다. 올라온 잡초를 뽑고 돌아서면 또 언제 풀을 뽑았냐는 듯 무섭게 올라오는 잡초의 끈질긴 생명력은 존경스럽기까지 했다.

흔히 잡초의 질긴 생명력을 모질고 모진 인생을 살고 있는 민초들의 삶에 비유하곤 하는데 딱 어울리는 말이라는 걸 실감할 수 있었다.

하지만 우리 옆에서 진짜 정말로 농사일을 생업으로 삼고 계시는 분들은 잡초와 씨름하지 않았다. 제초제를 뿌리고 작물을 심고, 풀이 나면 분무기에 나팔 같은 넓은 꼭지를 달고 작물에는 제초제가 묻지 않도록 약을 뿌린다. 작물이 자라서 더 이상 잡초가 자라지 못할 정도로 그늘을 만들면 가을을 기다렸다가 타작을 하여 1년 농사를 마무리한다.

이웃 농부님들은 한여름 동안 잡초 뽑는 일에 몰두하고 있는 나에게 풀하고 싸워서 이기는 사람 없다며 겨울에나 풀을 이기는 것이라고 훈계를 아끼지 않는다. 제초제를 뿌릴 것을 권했으며 심지어 그러다가 골병든다며 나를 안쓰럽고 미련하게 보기도 했다.

그렇지만 난 제초제를 뿌릴 수 없었다. 제초제를 뿌리면 나와 같이 땅을 일구는 수많은 지렁이와 개미, 개구리와 메뚜기, 풀벌레들이 생명을 잃거나 밭을 떠날 것이 분명했기 때문이다. 덧

붙여 제초제를 뿌린 밭에서 키운 곡식과 채소는 우리 가족과 이웃에게 먹일 수 없기 때문이다. 그래서 미련하게 몇 번이고 뽑고 또 뽑고 뽑아야만 했다.

그렇게 뜨거웠던 여름이 지나고 이제 가을의 문턱에 들어섰다. 내가 잡초와 씨름했던 콩밭은 어느새 콩깍지를 주렁주렁 매달고 있고 풍성하게 가지를 뻗은 들깨도 고소한 향기 내뿜으며 가을걷이를 기다리고 있다.

땀 흘린 만큼 결실을 보여주고 있는 밭을 바라보며 농사보다 정직한 진리는 없다는 것을 다시 되새겨 본다.

나에게 있어서 농사는 땅과 함께 연주하는 오케스트라의 향연이며, 생산의 즐거움을 만끽하게 해주는 가장 큰 기쁨이다. 탐·진·치를 버리고 자연과 생명의 소중함에 순응하라며 가장 낮은 곳을 바라볼 수 있게 해주는 참스승이다.

씨앗을 뿌리고 땀 흘려 가꾸는 가운데 생산의 기쁨을 맛보고, 아울러 이웃과 나누고 베푸는 인생이 그 무엇보다 값진 인생이 아닐까?

잡초를 뽑고 나면 있을 것은 있고 없을 것은 없는 깨끗한 밭이 눈앞에 펼쳐진다.

전라도 변산에서 생명의 소중함을 일깨우고자 친환경농법을 통한 생활공동체를 이끌고 계신 윤구병 교수님은 있을 것은 있고 없을 것은 없는 세상이 좋은 세상이라고 말씀하셨다. 나는 지난 여름 잡초를 뽑으며 좋은 세상을 보았다.

신상례_ 동국대 언론정보대학원 졸업(언론학석사). (前)평택시민신문 취재부장, (前)평택시청 시민사회협력실장, (前)행정안전부 지역발전 정책국 현장모니터 위원

나의 불법 인연과 어머니의 기도 가피력

문수조장 정선혜행

시골 부자로 살던 그 세월은 가고 가세가 기울어 우리 가족은 생활고에 허덕이게 되었다.

남편은 대학도 나왔으나 취업을 하지 않고 다 큰 아들들도 놀고 있는데, 나는 오늘도 가족을 위하여 전전긍긍한다. 남편은 매일 '돈만 있으면 사업을 할 텐데 어떻게 돈을 마련해야 하나?' 생각만 할 뿐 몸은 항상 옛 시절을 꿈꾼다. 다 큰 아들들은 어떻게 큰 회사에 취업하나 하는 꿈만 꾼다.

나는 이 세월이 너무나 길고 힘겨워서 세상을 그만 살아야겠다고 마음먹었다. 산에 올라 그동안의 세월을 떠올리니 눈물뿐이다. '나는 왜 이렇게 복도 없을까? 누구 하나 도와주는 이도 없을까?' 한탄하다 보니 어디선가 목탁 소리가 난다. 내려가 보니 절이 보인다. 왠지 반갑고 이 슬픈 운명을 달래 줄 것만 같아서 슬픔 반 기쁨 반 명법사를 찾게 되었다.

세상과 가족들에 대한 원망으로 가득했던 나는 스님을 만난 후부터 새로운 인생이 시작되었다. 전생에 복을 짓지 못한 현실을 알게 되었고, 남편과 자식에게 지은 빚 갚음이 억울했던 것을 알게 되었다.

매일 연탄 배달이 끝나면 절을 찾아 절을 하며 그동안 원망만 하며 자살하려 했던 마음을 참회하며 기도드렸다. 일이 너무 늦게 끝나 법당 문이 잠겨 있으면 법당 뜰에서 하루 일과를 반성하며 부처님 말씀으로 새로운 내일을 설계한다. '오늘보다 더 열심히 일하자. 식구들을 원망하지 말자. 내가 더 부지런히 일해서 그들도 현실에 맞는 삶을 살게 해야겠다.'고 발원한다. 어느 날 뜰에서 절을 하는데 스님께서 목에다 염주를 걸어 주셨다. 법회 시간에도 참석해 법문을 들으며 나의 삶을 되돌아본다. 그동안 나는 많이 변해 있었다. 진리를 몰랐던 부끄러움과 식구들을 원망했던 미안함이 밀려왔다.

1년쯤 지나자 이제는 부처님께 무언가 공양을 올리고 싶었지만 나에게는 그럴 여유가 없었다. 시골 부자로 살던 때 쓰던 큰 장독과 큰 솥들이 보인다. 스님께 말씀드리니 가져오라고 하셔서 드리고 나니 너무나 기쁘고 행복했다. 이제 나도 보시를 해야겠다고 생각한 후 연탄 한 차가 끝날 때마다 천 원씩 보시금을 모으다 보니 무겁던 팔다리도 아프던 허리도 행복하다.

그리고 스님 말씀대로 내가 변하니 식구들도 변하기 시작했다. 게으른 남편과 아들들도 자기 형편에 맞는 직업을 찾기 시작했다.

'이 모습이 나의 모습이구나! 거울에 비친 영상이, 나의 전도된 삶이 정말 나인 줄 착각하고 원망만 했구나!'

친정어머니께서도 변한 내 모습을 보고 명법사에 다니시게 되었다. 어머니는 한글을 모르시지만 법회마다 나오셔서 열심히 기도하셨고 법문도 열심히 들으셨다. 벌써 3년이란 세월이 다 가도록 기도하고 법문을 들으신다. 시골에서 농사를 지으시며 가을이면 도토리 묵 가루를 내다 팔아 그 돈으로 보시를 하셨다.

하루는 어머니께서 경전을 읽고 계셨다. 너무나 놀라서 여쭤보니 꿈속에서 정성껏 기도드리면 어떤 소원이라도 다 이룰 수 있다는 스님의 법문을 듣고 '나는 한글을 모르는데 부처님 글을 읽을 수 있으면 좋겠다.'고 발원하셨다고 한다.

꿈속에서 모든 신도들이 경전을 독송하는 것을 보고 어머니께서도 함께 독송했다고 한다. 한글도 모르는 어머니가 글을 읽을 수 있어서 꿈속이지만 감사와 기쁨이 함께 한 신기롭고 기적

적인 순간이었다고 한다. 너무 감격하여 꿈에서 깨었고, 하도 생생하여 경전을 폈더니 저절로 독송이 되시더란다.

스님께서 항상 기도는 낮이나 밤이나 믿고 하되, 언제쯤 이루어질까만 버리고 기도하면 꼭 이루어진다고 하신 말씀이 생각났다.

어머니께서 어느 날 신도님들과 서로 말씀을 나누시다가 전화번호를 주고받으셨다. 글을 쓰시는 어머니를 처음 봐서인지 동생 내외도 신기해했다. 우리는 쓰시는 글을 보며 또 한 번 놀랐다. 우리가 사용하는 글과는 전혀 달랐다. 그림 같기도 하고 상형문자 같기도 했다. 그림도 글씨도 아닌, 세상에서 당신만 알아볼 수 있는 글을 써 놓으신 후 가방에 간직하셨다.

이제 자식들도 다 성장하여 결혼하였다. 그들에게도 전생에 지은 빚과 현실을 잘 조화하며 사는 진리를 가르쳐 주지만 아직은 그대로 받아들이지 못한다.

이 글을 쓰며 나는 꼭 하고 싶은 말이 있다.

최선을 다하고 사는 것이 최고요, 최고의 삶의 가치는 있고 없는 데 있는 것이 아니다. 있으면 나눌 수 있어 좋고 없으면 번뇌망상 비울 수 있어 행복하다. 갈등이 윤회며 있고 없고에 자유로운 것이 해탈인 것을 깨달은 지금, 불법을 만나고서도 아직 불법을 깨닫지 못하고 괴로워 윤회하는 분이 계시다면 법회에 나오셔서 법문을 듣고 자유로운 삶이 최고의 기도요 불공임을 깨닫기를 발원한다.

성불하세요!

기도 성취하는 법

거사회 총무 김도상(덕운)

큰스님께서 내게 글을 쓰라 하신다. 얼마 전 나에게 큰 변화를 가져다 준 작은 경험을 다른 분들께도 전해 주라는 의미셨다. 사는 동안 많은 변화를 경험했던 나이지만, 이번 일은 예전에 겪었던 것과는 너무도 달라서 글로 표현하는 것이 참으로 어려웠다. 어떻게 전해 드려야 하나 고민 끝에 부족한 글 솜씨지만, 여러분께서도 나와 같은 기쁨을 느끼실 수 있기를 기원하며 내 짧은 이야기를 전해 드릴까 한다.

10월의 어느 날, 절에서 심은 고구마를 캐러 밭에 나가 일을 할 때였다. 이가 아파 말도 제대로 못하고 하루를 지냈다.

저녁에 집에 돌아오니 집사람이 말했다.

"큰스님께서 당신 얼굴 표정이 왜 그러냐고, 그런 얼굴로는 아무것도 되지 않는다고 말씀하셨어."

나는 "이가 아파 얼굴 표정이 당연히 안 좋았겠지. 별일 없어." 하고 그냥 넘겼지만 사실은 내 속마음을 들킨 것 같아 인정하고 싶지 않았다.

그 당시 내가 근무하는 회사는 하루가 다르게 오르는 원자재 가격 때문에 받아 놓은 주문들을 납품할수록 손실이 커졌지만, 주문자와의 약속을 지키기 위해 손실을 감수하면서 납품을 하고 있었다. 그러나 자재 가격이 떨어지기는커녕 계속 올라, 지난 일 년 동안 누적된 손실로 하루하루가 힘든 상황이었다. 자연스레 내 마음이 편할 리가 없었는데, 이미 큰스님께서는 내 마음을 읽고 계셨었나 보다.

그 다음 주에 퇴근해서 집에 왔더니 집사람이 또 말했다.

"큰스님께서 용서하고 포용해 주래. 그리고 믿으래. 지금 하고 있는 기도는 백날 해도 소용없대. 나 스님 말씀 전했다."

"알았어. 스님 뜻 잘 알고 있어."라고 대답했다.

그 당시 아침마다 "회사 잘 되게 해 주세요." 하고 기도를 하고 있었는데, 마치 무엇을 훔치다 들킨 양 부끄러웠다. 그리고 속으로 '그럼 앞으로 어떻게 기도를 해야 하나?' 하고 생각을 했다.

후에 알게 된 것이지만 그때까지도 "스님 말씀을 따라야지." 하며 머리로만 이해를 한 채로 스님 말씀 잘 따르고 있다고 생각하며 생활하고 있었던 것이다.

10월 마지막 주에 법장당 화정 큰스님께서 나를 부르셨다.

내심 '무슨 말씀을 하시려나.' 하고 스님 앞에 앉았다.

"딸도 잘 이겨내고 밝게 지내는데 아버지가 되어 가지고 그것도 못 이기고 죽을상을 하고 다니느냐. 하늘에서 뚝 떨어져도 부처님을 믿어라. 왜 못 믿느냐." 하시며 야단을 치셨다.

사실 딸은 최근에 힘든 일을 겪었지만 큰스님 말씀을 듣고 어려움을 이겨내고 마음을 돌려 웃는 얼굴로 큰스님을 뵈었다. 나는 겉으로는 고민하지 않는다 하면서도 속으로는 어려워진 회사 걱정으로 마음이 무거웠다. 회사가 힘든 상황에 있으니 나도 모르게 짜증이 나고 사장과의 말다툼도 많아졌다. '저러면 안 되는데. 저래 가지고 이 회사가 될까?' 하는 생각과 '내가 옳다'는 생각에 사로잡혀 사장 얼굴도 보고 싶지 않았다.

그런 상황을 말씀 드리지도 않았는데, 큰스님께서는 이미 아시고 집사람을 통해 두 번이나 길을 알려 주셨던 것이다. 그런데 그 뜻을 알아차리지 못하니 이번에는 직접 불러 야단을 치신 것이다. 나는 야단맞는 것이 당연하다는 생각이 들었다.

야단을 맞고는 일주일 동안 '그래 딸도 이겨냈는데…….' 하며 믿음과 용서, 그리고 기도에 대해 생각했다.

'내가 과연 무엇을 믿고 있는 것인가? 앞으로는 어떻게 해야 하나?'

나름대로 반성하고 고치려고 노력하면서 또 일주일이 지나고 토요일이 되었다. 그리고 무엇인가 고쳐가고 있다고 확신하고 자신 있게 절에 갔다.

그런데 큰스님께서는 아직 멀었다며 다시 말씀하신다.

"아직도 안 됐네. 하늘에서 뚝 떨어져도 부처님을 믿고 스님을 믿으라니까. 풍랑을 만난 배에서 한 사람만이라도 진정으로 부처님을 믿고 관세음보살님을 염원하면 배가 가라앉지 않는 것이다. 큰 배는 지금 너희 회사고 풍랑은 지금 그 회사가 처해 있는 상황이니 기도를 열심히 해라."

나는 일단 "네" 하고 대답은 하였지만 확실하게 '이것이구나' 하는 것은 아무것도 없었다.

일요일에 또 다시 큰스님께서 말씀하셨다.

"믿어라. 하늘과 땅이 딱 달라붙는다 해도 믿으면 된다. 못 믿고 고치지 못할 것 같으면 내 앞에 나타나지 마라. 상대를 용서하고 포용해야 한다."

지난 일주일 동안 나는 아무것도 변화되지 않았던 것이다.

단지 '상대를 용서해야지. 스님과 부처님을 믿어야지. 열심히 기도하며 살아야지' 하고 머리로만 이해할 뿐 실행으로 옮기는 진정한 변화가 없었던 것이다.

이번에는 왠지 이겨내는 것이 쉽지 않을 것 같았다. 솔직히 무엇을 어떻게 해야 할 지 나 자신이 혼란스러웠다. 그래서 나는 스스로 반성을 하며 스님의 말씀을 되새겨 보기 위해 일기를 썼다.

그러나 일기를 쓴다고 해서 쉽게 이루어지는 것이 아니었다. 믿고 있다는 것은 생각일 뿐, 어려움이 다가오면 어느새 마음은 흔들리고 상대를 보면 '저 사람 잘못 하고 있는데…….' 하는 생각이 앞서곤 하였다.

그러던 어느 날 집사람을 통해서 예전 거사회에 나오시던 분이 돌아가셨다는 말과 함께 지금까지 큰스님께서 그분께 말씀하신 내용을 듣게 되었다. '왜 그분은 어려움을 큰스님께 솔직하게 말씀을 드리고 의논하지 않은 걸까?' 하는 생각이 들었다. 그러면서 '나는?' 하고 나를 돌아보았다.

그 순간 '아! 내가 걱정을 하고 있었구나. 걱정을 하면서 잘되게 해달라는 기도를 하고 있었구나.' 하고 내 모습을 바로 보게 되었다.

큰스님께서 지금까지 법문해 주신 모든 것, 그동안 제가 믿고 있던 모든 것을 회사가 어려워지니까 어느 순간부턴가 잊어버렸다. 그러면서 혼자 걱정을 하면서 상대에게 "너 때문이야." 하며 그 탓을 돌리고 원망과 미움만 키웠던 것이다. 그리고는 잘 되게 해달라는 기도를 하고 있었다.

부처님과 스님에 대한 믿음이 말로만 행해지고 그저 그렇게 지내면서도, 타성에 젖어 스스로 믿고 있다고 착각하고 있었던 것이다. 주변에서 어떤 일이 벌어지든 흔들리지 말고 자신의 본분을 다하라는 그 말씀을 지키지 못한 채, 깊은 내면에는 불안이 자리하고 있었던 것이다.

'불안해할 것이 없는데, 걱정할 것이 없는데, 왜 그랬을까?' 반성하며 마음을 돌렸다.

그 이후로 스스로를 돌아보며 불안한 마음이 일어날 때마다 마음을 가다듬었다. 자꾸 하다 보니 한결 마음 돌리기가 수월해졌다. 그렇게 걱정하는 마음이 없어지니까 마음의 여유가 생기기 시작했다.

마음의 여유, 그것은 곧 믿음이었다.

그런 생활 속에서 "상대가 잘못하는 것을 보고 '저러면 안 되는데……' 하지 마라. 그것이 상대방의 발목을 잡고 그것으로 인해 내가 끌려들어가 내 업이 된다. 상대의 잘못된 행동을 보면 나는 잘못된 것이 없는지 돌아봐라."는 큰스님의 말씀이 마음속 깊이 와 닿았다.

'잡고 있으면 끌려가지……. 놓아야지…….'

"용서하고 상대를 포용하라."는 스님 말씀의 참뜻을 이제야 이해하게 된 것이다.

그동안 나는 남을 용서하지 못함으로써 스스로 마음속의 지옥을 만들었다. 그리고 내가 만들어 놓은 지옥에서 혼자 괴로워하며 살았던 것이다.

상대의 잘못을 보고 내가 반응하면 그것은 내 것일 수밖에 없다. 상대의 잘못된 행동은 예전에 내가 했던 행동이고, 앞으로 언제든 내가 할 수 있는 행동이다. 상대방의 행동도 나름대로 이유가 있고 상대방이 옳을 수 있는데, 나의 생각만 옳다고 혼자서 결론을 내리고 아집 속에 있었던 것이다.

마음속 깊은 곳에서 이것을 알고 스스로 참회하고 나니, 상대의 행동을 보고 영향을 받아 내 마음속에서 화가 일어나기 전에 알아차리고 내가 먼저 반성하면서 상대를 대하게 되었다.

가장 많이 다퉜고 그토록 보기 싫던 사장도 마주보고 웃으면서 대화할 수 있게 되었다. 외상 대금을 받으러 오는 사람들과 독촉 전화에 시달리며 힘들었을 사장의 상황을 이해하게 된 것이다.

마음은 기쁨으로 가득차고 편안해졌다. 지금까지 느껴 보지 못했던 기쁨이다. 한편으로는 '이것을 깨닫지 못했으면 내가 다른 사람들을 얼마나 더 힘들게 했을까?' 생각하니 미안해졌다.

이제라도 깨닫게 해 주신 큰스님께 감사한 마음과 죄송한 마음이 들었다. 그래서 다시 한 번 참회를 하였다. 마음이 더 가벼워졌다. 용서는 상대를 위한 것이 아니고 진정 나 자신을 위한 것이었다.

지금까지는 아무리 힘들어도 제 날짜에 월급이 지급되었는데, 이달은 월급날을 지키지 못했다. 예전 같으면 직원들에게 설명해야 하는 내 입장만 생각하고 사장의 입장은 생각 못한 채 화를 냈겠지만 이제는 모든 것이 편안하고 이해가 되었다.

마음을 편히 갖자, 내가 직원들에게 설명해야 할 그 일을 다른 사람이 대신해 주었다. 월급이 지급되지 않았지만, 회사의 사정을 알고 있는 집사람에게 "힘내. ♥♥" 하고 문자가 왔다. 돈이 없으면 집사람이 제일 힘들 텐데 오히려 나를 걱정해 준다. 내 마음의 변화가 집사람에게도 전해진 듯 서로를 생각해주는 마음이 더욱 깊어졌다.

토요일이 되어 큰스님을 뵈었다. 마음이 편했다. 이것이 큰스님께서 말씀하신 진정한 기쁨인가 보다 하는 생각도 들었다.

큰스님께서 며칠 전 돌아가신 분에 대한 말씀을 하셨다. '조금만 더 솔직하게 스님을 믿고 의지하고 따랐더라면 큰스님 마음도 이렇게 아프시지는 않으셨을 텐데' 하는 생각에 안타까웠다.

월요일 오후에 생각하지도 않았던 지난달 납품 분량 중 일부가 수금되어 직원들 월급을 모두 지급하고 관리자에게는 월급의 반이 지급되었다. 어려웠던 상황에서 조금씩 해결의 빛이 보였다. 그리고 며칠 후 회사가 일 년 동안 생산하고도 남을 만큼의 큰 금액이 걸린 계약을 낙찰 받게 되었다. 지난 일 년 동안의 손실을 모두 복구하고도 남을 좋은 가격이었다. 드디어 모든 어려움이 해결 되는 것 같아 정말 기뻤다. 그러나 확실하게 계약이 되기 전까지 말을 아끼며 마음을 가라앉혔다. 그리고 계약을 맺을 발주처에서 우리 회사의 상태를 파악하기 위하여 나온 실사도 무사히 마쳤다.

그렇게 일주일이 지나고 법회가 있는 일요일 아침에 법회 준비를 하는데 큰스님께서 공양을 드시다 나를 보시고는 "기도를 잘 해라. 믿고 행하는 그것만이 자기 것이 된다." 하신다.

법회 시간에 스님께서 다시 한 번 믿음에 대해 법문하셨다. 마치 "다시는 그런 지옥에 들어가지 마라."고 말씀하시는 것 같았다.

낙찰 후 열흘이 지나고 월요일 오후가 되서야 정식 계약이 체결되었다. 이 계약이야말로 풍랑을 만난 배와 같은 상황에서 풍랑을 잠재우는 기적이었다. 주위에서는 회사가 금방 문을 닫을 것으로 알려져 있는 상황이었고, 나를 아는 모든 사람들은 "다 망한 회사에 왜 있느냐. 빨리 그 회사에서 나와라."고 공공연히 말했을 정도였기 때문이다.

나는 큰스님께서 우리들을 이끌어 주시기 위하여 법문도 해주시고 야단도 치시는 것을 알고 있더라도, 머리로만 이해하고 진정한 실천으로 옮기지 못한다면 결코 내 운명은 다른 누구도 바꾸어 줄 수 없다는 것을 깨닫게 되었다. 그 말씀을 믿고 따르니 요즘은 무어라 표현할 수 없는 기쁨 속에서 생활을 하고 있다. 그리고 "믿으면 없는 토끼 뿔도 생긴다."는 것을 알게 되었다.

두 달이 안 되는 짧은 기간이었지만 큰스님 말씀을 믿고 실행하며 고쳐 나가다 보니 "우주를 창조하는 것이 자신의 마음이요, 그 마음을 돌이킬 때 운명도 바꿀 수 있다.", "비운 뒤에 저절로 찬다. 진실로 행할 때 저절로 이루어진다."는 큰스님의 말씀들을 실제로 경험하였다.

바람도 없고 걱정도 없는 진실한 믿음으로, 용서하며 살아가는 그 자체가 자기를 가장 사랑할 수 있는 기도가 아닌가 생각한다.

얼마 전 서울에 있는 딸의 생일에 혼자 있을 누나를 생각해서 동생인 큰아들 녀석이 꽃과 케이크를 사 가지고 가서 함께 행복한 시간을 보내고 왔단다. 자식들에게 '부처님 믿어라, 스님 믿어라.' 하고 굳이 말하지 않았는데, 큰스님께서 늘 법문하시던 것처럼, 내가 변하니 자식들도 변했고, 서로를 더욱 사랑하며 잘

자라줘서 너무나 감사하다.

스님 말씀대로 "정말"인 것을!

왜 힘들어도 이 길을 가라 하셨는지 이제는 알겠다.

'진정한 자유'

조금씩 가슴으로 느껴진다.

이제는 주위 사람들이 나를 조금씩 용서하는가 보다.

누군가 내게 물어 오면

박경순

누군가 내게 불도佛道를 물어 오면
덕동산 나지막한 기슭
명법사 가는 길을 알려주리

누군가 내게 화엄華嚴을 물어 오면
우리 절 경내에 피는
봄 철쭉의 뜨거움 보여주리

누군가 내게 연화경蓮華經을 물어 오면
맑고 향기로운 연꽃동산의

아기 부처들 보라 하리

누군가 내게 불자佛者를 물어 오면
절 마당에 가득 퍼지는 송화松花처럼
보살들의 온화한 미소 떠올리리

그러나 참말로 내게 진정한 스승을 물어 오면
스승을 스승이라 말하지 못하는 시대에
자비로운 어머니가 계시다고 침묵에 들리라

목마를 때마다 달려가 물을 달라고
법당의 바닥을 파고 싶던 중생이
이제는 어린 자식들 장성하여
제 가슴 속 우물 보여줄 때가 되었으니

제 가슴 속에 물길이 있는 줄도 모르고
더 먼 방황의 길을 돌아가지나 않을까
노심초사 지켜보고 계시는 어머니의 어머니

당신과 함께 하는 좋은 날들이

반야용선에 오르는 길이라 믿게 하시고
열 길 물속보다 흐린
한 길 사람의 속 헤아려 주시리라.

박경순_ 시인, 사진작가, 한국환경사진협회 이사, 평택문화신문 기자. 시집으로 『물푸레나무의 신화 속에서』, 『밥상 차리는 노라』, 『사랑아, 내가 널 쓸쓸하게 했구나』, 『지독한 마법』 등이 있다.

반야의 사공들

명법사 화엄신중華嚴信衆

명법사가 창건되어 1대 소임 때는 방자 여사를 모시고 법회를 여는 성의와 포교에 대한 큰 뜻이 스님들뿐 아니라 소임들에게까지도 대단했다. 스님들과 소임들이 열과 성의를 다하여 제방의 큰스님을 모셔다 법회를 열었다. 초대 회장님의 부군께서 경기도 교육감을 지내셨으니 회장님의 원력 또한 포교에 뜻을 품고 최선을 다하여 사찰 호법신이 되셨던 것이다. 2대 회장단이 출범하여서는 기복신앙의 틀에서 벗어나 모두가 다 함께 수행할 수 있는 대승적 삶의 질과 현대인들이 알기 쉬운 불교로 서서히 변화하는 경지에 이르렀다.

이어 3대 회장단의 활동이 시작되면서부터는 곧 불교신도회의 근간을 이루는 조편성이 이루어졌으며, 포교의 터전이 마련됨과 동시에 신행생활과 병행하여 신도들의 경조사까지 살필 수 있는 생활불교의 모양을 갖추기 시작했다.

4대 회장단의 출범 이후 명법사는 부처님 말씀대로 실천하는 도량으로 거듭났으며, 그야말로 청정도량을 성취하였다.

5대 회장단에 이르러서는 스님들과 신도회가 혼연일체로 하나가 되었으며, 스님들은 거리에서나 법당에서나 수행과 불사로 더욱 더 바쁘게 매진하였다.

신도회는 신도회대로 기계의 톱니바퀴처럼 하나가 되어 가정과 사찰과 사회생활이 하나가 되었다. 이때 신도들은 부처님 말씀과 스님 이야기가 아니면 하루의 이야깃거리가 없을 만큼 관심은 증폭되었고, 새로운 생활불교는 인기가 상승하여 마침내 거사회는 합창단까지 출범하게 되었다.

신도회를 필두로 거사회와 학생회 등 신행활동의 체계가 잡힌 명법사 가족들의 행보는 대승불교의 새싹을 틔우기 시작하였다.

명법사 연혁

1962. 4	명법사 건축 착공
1966. 3	창건·주지 홍명덕 스님 취임

1966. 10	요사채 및 부속건물 2동 건립
1967. 3	사찰 등록
1969. 7	주지 이법진 스님 취임
1972. 10	선방채 건립
1973. 4	개금불사
1973. 9	대한불교조계종 등록
1975. 9	법당 중창
1975.	주지 김순형 스님 취임
1975.	요사채 건립
1976. 8	탱화불사 점안식
1977. 10	학생회·어린이회 창립
1978. 10	학생회 창립 1주년 시화전
1979. 8	보살계 수계식
1980. 12	청년회 창립
1984. 10	가사불사
1987. 7	생전예수재
1988. 3	신도회 조직구성
1990. 6	거사회 창립
1991. 10	제1회 사부대중 체육대회
1991. 12	법화경 산림법회

1992. 11	회관·요사채 기공식
1994. 3	회관·요사채 낙성식
1995. 8	생전예수재(수행문)
1995. 10	보살계 수계식
1996. 2	고승법회(20조)
1996.	법당 삼존불상 점안식
1996. 9	불교대학개교
1996. 12	명법사 창건 33주년 기념축제
	수능엄경 불사 회향
1997. 4	진입로 도로공사 및 연지공사
1997. 4	부처님 오신날 기념 경로위안잔치
1998. 6	맑고 향기로운 연꽃동산 어린이집 개원
1999. 12	가사 불사
2000. 7	법장사 낙성식
2000. 10	속리산 버섯요리 식당 운영
2001. 7	구국대승 예수재
2002. 4	부처님 오신날 기념 장애우위안잔치
2003. 11	평택시 장애아동주간보호센터 수탁운영
2005. 6	사회복지법인 명법사 복지재단 설립
2008. 11	보리살타 금빛학교 개원

2009. 9　　명법사 산악회 창립

2010. 4　　반야용선 계간지 창간호 발행

2010. 4　　화엄의 세계 CD 취입

2010. 10　　제2회 사부대중 체육대회

2011. 3　　아가동산 어린이집 개원

명법사 합창단 연혁

1981. 3　　신도회 합창단 창립

1986. 5　　여의도 봉축행사

1987. 6　　영등포교도소 공연

1988. 9　　88올림픽 유등제 행사

1989. 4　　전국 찬불가 경연대회

1990.　　불교방송 전국 찬불가 경연대회

1990. 3　　마곡사 만등불사 초청공연

1991. 9　　대전교도소 공연

1992. 4　　거사회 합창단 창립

1992. 12　　찬불가 공양의 밤

1993. 4　　청주시 연합찬불가 합창제 초청공연

1995. 3　　찬불가 음성공양의 밤 CD 취입 기념

1999. 4　　찬불가 모음집 취입

2003. 10	명법사 사부대중 화엄경 수행음악회
2006. 1	구국음악회 '부모은중경송'
2012. 4. 28	부처님 오신날 기념 '보현행원송'

명법사 회장단

1대 회장: (故)고대성화, 부회장: 현환희행, 이연심화, 최대명심

2대 회장: (故)신금강심 · 3대 회장: 김회광조

4대 회장: 조무상혜 · 5대 회장: 이원만성

6대 회장: 주만법성 · 7대 회장: 장일심행

8대 회장: 문자재성 · 9대 회장: 이진여성

10대 회장: 박능인행 · 11대 회장: 손연화심

12대 회장: 주정법행 · 13대 회장: 이견성행

14대 회장: 박원력심 · 15대 회장: 김문수행

16대 회장: 이보현행 · 17대 회장: 김대자행

명법사 원로회 회장단

회장: 조대덕화 · 부회장: 이공덕행, 김홍련화

명법사 거사회 회장단

회장: 우관재·부회장: 김증원

총무: 김도상·섭외: 민경호·법사: 문선각

1대에서 15대에 이르도록 불사가 이어졌다. 지극 정성으로 이어진 불사는 이 시대에 필요한 대승불교를 나투게 되었다.
명법사 창건 50년, 대승불교 출범 30년 만에 천주교 200년, 기독교 100년과 대등한 조직을 준비할 수 있었다.
맑고 향기로운 연꽃동산에서 복지재단과 보리살타에 이어 아가동산 어린이집까지, 이 시대에 필요한 불교로 탄생하여 아름다운 꽃으로 장엄하기까지 법회와 봉사는 아래와 같이 쉼 없이 펼쳐져 왔다.

명법사는 매월 신도회 1일, 15일, 18일, 24일 오전 10시에 법회가 있으며, 거사회는 첫째, 둘째, 셋째 일요일 오전 10시에 법회가 있다. 청년회인 보리회는 넷째 일요일 오전 10시에 법회가 있다. 그리고 학생회 법회는 매주 일요일 오전 11시에 있으며, 어린이 법회는 매주 일요일 오전 10시에 있다.
또한 연중 법회로는 출가재일, 열반재일, 부처님 오신날 법회와 칠석기도 법회, 우란분재, 하안거 법회와 동안거 법회가 있으며,

동지법회, 성도재일 법회와 입춘법회가 있다.

신도회 임원은 회장 1명, 부회장 4명, 총무 4명으로 기간은 3년(만 2년)이며, 이 기간 동안 봉사와 불사를 솔선수범하고 큰 공덕을 성취하며, 법회 때 신도들에게 음식을 직접 만들어 주며 봉사하고 있다. 봉사자들 중 특히 녹야원 봉사자들은 49재와 갖가지 재를 지낼 때 음식을 차리고 준비하는 일을 한다.

명법사 원주와 별좌도 보살님들이 소임을 맡고 있다. 녹야원 봉사자 소임은 대발심한 봉사자만이 맡을 수 있다.

조원들은 조계종 중앙신도회에 가입되어 매년 회비를 납부하여 경조사는 물론 대승불교 신행생활에 원동력을 부여하고 있다.

〈명법사 신도회 40조직과 조장〉

1. 승만조 조장: 유환희심 2. 원각조 조장: 김광덕월
3. 반야조 조장: 이진여심 4. 법구조 조장: 최관조행
5. 관음조 조장: 이공덕행 6. 능가조 조장: 김문수행
7. 아함조 조장: 안정묘행 8. 무량수조 조장: 이법왕자
9. 법화조 조장: 고대심행 10. 금강삼매조 조장: 권혜성월
11. 열반조 조장: 황성덕화 12. 은중조 조장: 김공덕행
13. 금강조 조장: 김묘선심 14. 능엄조 조장: 한보광화
15. 대비심조 조장: 임진혜성 16. 본생조 조장: 김대자행

17. 인왕조 조장: 김불심광
18. 유마조 조장: 박무상행
19. 가릉빈가조 조장: 정묘월화
20. 지장조 조장: 이방등심
21. 혜명조 조장: 손연화심
22. 문수조 조장: 황진광심
23. 연꽃조 조장: 이정각심
24. 목련조 조장: 성대법행
25. 우담바라조 조장: 유성덕행
26. 광음천조 조장: 조진여월
27. 극락조 조장: 김가릉빈가
28. 마하연조 조장: 김마하연
29. 자비조 조장: 김자비행
30. 삼보조 조장: 양보리심
31. 만다라조 조장: 박백련화
32. 화엄조 조장: 유일진심
33. 보현조 조장: 이미타월
34. 본원조 조장: 홍보륜월
35. 금광명조 조장: 이지혜월
36. 원력조 조장: 남일오성
37. 무애조 조장: 손관음조
38. 정진조 조장: 정무량심
39. 대광명조 조장: 민대광명
40. 법왕조 조장: 성법왕심

신도회 보현행원단

단장: 신광명월 • 부단장: 성대법행, 유일진심

명법사 재정

명법사 수입장부는 종무소에서 신도들이 접수하는 그대로 옮긴다. 기도비, 불공비, 인등비, 불전 등으로 사중이 생활하며, 다른 사찰과 다른 점이 있다면 신도회비와 사회복지기금을 별도로 받는다는 점이다.

특히 조에 가입하지 않을 경우 신도가 될 수 없다. 49재가 들어오면 '재'라는 의미가 더욱 강조된다. '청정, 수행, 결계, 참회' 삼륜청정의 회향이다.

작은 재는 그대로 사중에서 준칙을 따르나 큰 재는 전액이 회향된다. 그때 불사나 그밖의 공덕에 회향된다.

사중에 버섯, 고추, 참기름, 들기름, 양념 비축 등은 필수로 하되, 그 달에 지출이 마이너스일 경우 보조해 주기도 한다.

부끄럽지 않은 삶, 욕심을 버리는 행복한 삶을 이 땅에 전하는 포교이기에 더욱 가치가 있고, 알뜰한 회향은 그래서 더욱 그 빛을 발한다. 방생은 방생 그대로 쓰이기 때문에 차량비 등을 지출한 후 반액은 물고기 방생으로, 반액은 인간 방생으로, 즉 등록금을 지원하거나 병원에 예치하여 수술비 없는 이들을 지원한다.

불사를 할 때도 스님들이 먼저 솔선수범하며, 모든 불사에는 스님들께 우선권이 있다. 명법사에는 월급을 받아 가는 이가 없다.

스님들도 작은 보시지만 모았다가 다시 회향하며, 주방 봉사자들도 목욕비를 받으면 다시 사회복지에 회향한다. 스님들의 전법과 포교가 그렇기 때문에 더욱 그렇게 된 것 같다. 신도들이 스님들께 대중공양을 많이 한다.

그때는 스님 곁에서 봉사한 봉사자들도 초청하여 함께 식사를 한다. 식사 자체만으로 그리도 행복할까 싶지만, 함께한 봉사의 기쁨이 배가되어 이 국토를 아름답게 한다.

명법사 대중 스님

명법사 창건주이신 홍명덕 선사의 제자는 법진(법희) 스님, 선경 스님, 영신 스님, 법명 스님으로, 이 땅에 큰 원력으로 오셨다가 원적하셨다.

법진 스님은 비구니 칠증사로 염불 소리를 들으면 듣는 이들이 해탈했으며, 선경 스님은 평생 천진불 모습으로 내원사 입승을 지내셨다.

법명 스님은 명법사 창건 당시 은사 스님과 고생을 함께한 상좌이다. 영신 스님은 평생 통도사 암자에서 사셨는데, 하루는 친척이 찾아와 19살의 착한 상좌 한 분을 제자로 두게 되었다. 법진 스님의 제자는 명원 스님, 성화 스님, 혜성 스님, 혜철 스님,

혜광 스님 다섯이며, 선경 스님의 제자는 법연 스님, 만수 스님, 정훈 스님, 명기 스님, 도광 스님 다섯이고, 법명 스님은 종학 스님, 종수 스님 두 제자를 두었고, 영신 스님은 상좌가 순형 스님 한 분이다.

이 인연법에 이어 현재 명법사의 주지는 순형 스님으로, 명덕 선사를 13년 동안 시봉하며 창건 당시부터 현재에 이르기까지 역사의 산증인이시다.

순형 주지스님은 화정 스님, 태운 스님, 묘상 스님 세 제자를 두었다. 총무는 화정 스님이 30년째 보고 있으며, 병법은 혜철 스님, 부전은 묘상 스님이 소임을 본다. 교무는 의현 스님, 원두는 운적 스님, 종두는 마호 스님이 맡고 있다. 일곱 스님들과 이제 출가한 보견 스님까지 한 몸 한 마음이 되어 대승불교를 실천하며 수행하고 있다.

명법사 보시행布施行

종무소 봉사단

종무소에는 월요일 근무 지혜월 보살님, 화요일 정각심 보살님, 수요일 일오성 보살님, 목요일 백련화 보살님, 금요일 보륜월 보살님, 토요일 미타월 보살님, 일요일 선계연 보살님이 맡으며, 총 사무지휘는 미타월 보살님이 맡는다. 출퇴근 근무하며 사중일과 불사 일을 스님 곁에서 솔선수범하게 되니, 이곳 생활 그대로가 교육이 된다. 이밖에 청정도량 유지를 위한 법당 청소는 자비향 보살님, 지광심 보살님, 한혜원 보살님, 인성향 보살님, 장기수 보살님, 일진심 보살님의 수행에 이어, 불교회관 청소는 성덕화 보살님, 향심월 보살님, 신갑순 보살님, 윤재희 보살님, 이

금옥 보살님, 진여심 보살님, 대광명 보살님이 맡아, 수행으로 깨닫지 못하여 일어나는 중생의 무지무명과 흡사한 먼지를 항상 청소하며 발원한다.

'모든 중생들도 해탈하소서!'

역전 무료급식 봉사자

대중스님들이 노숙자, 걸인에게 무료급식을 시작한 지 25년이 되었다. 이제는 명법사 사회복지재단 후원으로 거사회, 신도회가 하나 되어 봉사하고 있다. 처음엔 걸인들이 85%나 되었고 노숙자가 15%였는데, 현재는 노숙자와 걸인은 줄었고 대신 할아버지, 할머니들이 더 많으시다.

신도회 봉사자는 환희심 보살님, 소연월 보살님, 법륜화 보살님, 향심월 보살님, 지정심 보살님, 유봉희 보살님, 거사회 봉사자는 강병모 거사님, 김광선 거사님, 조경섭 거사님, 장기정 거사님, 민경호 거사님, 조성식 거사님, 이종희 거사님, 이준규 거사님, 진송호 거사님, 최경민 거사님, 이종범 거사님, 장승만 거사님, 양희성 거사님, 최희수 거사님, 김성대 거사님, 임진우 거사님이다. 비가 오나 눈이 오나 바람이 부나 열심이신 보리살타들의 수행은 이 땅을 극락국토로 바꾼다.

대승불교 실천하는 보현행 보살님

보현행 보살님은 명법사에 다니며 자기 인생보다는 스님을 위하여 사는 삶이 더 크다. 스님들 옷 만드는 바느질 솜씨에 이어 명법사 제반 행사에 더 큰 공덕을 쌓는다.

사물반 단복을 만들며 어린이회 무용복까지 만들었다.

아기동자 출가식 때의 장삼 가사는 항상 보살님의 능력이 빛을 발한다.

사찰 밖의 원정 봉사는 부군인 최수부 거사님이 생활의 불편함까지 감수하며 맡아, 스님 발원 공덕에 회향하는, 스님 받드는 수호신이 되었다.

대승불교 본찰 명법사가 오늘에 이르기까지 뜻을 받들며 미소로 보리살타 원주 소임을 마치고 이제 새로운 소임 준비에 들어갔다.

이해가 안 되어도 기다릴 줄 아는, 불명 그대로 보현행이다.

사바세계에서 극락세계에 가려면 문수보살의 지혜와 보현보살의 실천이 필요하다.

보현행 보살님은 이 땅을 극락세계를 이룰 수 있게 곁에서 함께한 명법사의 수호신이다.

대승불교 실천하는 대자행 보살님

대자행 보살님은 지혜의 눈을 가지고 태어난지라 항상 자기보다 다른 사람들을 먼저 생각하고 다른 이들을 위한 근심과 걱정이 많았다.

이 명법사에 대승불교를 출범시키기 위하여 속리산 버섯요리 식당을 개설하고 유명 요리사에게 비법을 전수 받아 5년 동안 주방장으로 활약한 분이 바로 대자행 보살님이다.

대자행 보살님은 나 하나의 신행생활에서 벗어나 공동체를 위해 수행하였다. 본인의 성격과 봉사자 신도님들 각각의 개성을 하나로 묶어 5년간 식당을 운영하며 수행하였다. 이를 통해 명법사 신도회를 거룩한 대승보살의 산실로 만들었다. 대자행 보살님은 30년 동안 한결 같이 스님들 곁에서 울고 웃으며 대승불교의 사찰 수호신이 되었다.

이제 가족의 대승불교 수행을 시작하여 손녀, 손자에게 부처님의 자비심을 전하고 있다.

극락세계에 사는 가릉빈가 새

나는 죽었다가 다시 살아났으나 몸의 기관은 모두 부실한 상태였다. 가릉빈가 보살님은 내 폐활량을 다시 회복시킨 공덕주로, 합창단 초창기에는 반주자로 활동하였다. 지금은 대승불교 합창단 부지휘자로, 극락정토를 이루기 위하여 부처님 말씀을 노래하며 산다.

명법사 거사회, 신도회, 보리회, 학생회, 어린이회는 극락정토를 노래한다.

명법사 대승불교 점심點心 공덕주 관음조 보살님

욕심 세계(사바세계)의 여러 소리들을 욕심을 버린 대승불교의 모두 다 행복한 곡으로 이곳까지 반주한 반주자요, 대승불교 점심點心할 스님을 도와서 점심點心하였다. 이제 모두가 점심點心할 수 있도록 수행하는 대승불교 수행자이다.

대승불교의 모태가 되어 수행하는 백련화 보살님

형제가 하나 되어 연꽃동산 버스 공양을 올리던 모습은 더 큰 연꽃이 되어 반야용선 계간지로 피어났다. 이제 보리살타 원주 소임으로 모두가 행복한 대승불교 수행의 어머니가 되었으니 그 미소는 영원히 행복한 세계의 모태가 될 것이다.

공양주 • 채공보살님

아침 공양은 월요일에서 금요일까지 길상화 보살님이 공양을 올리며, 토요일과 일요일 아침공양은 인지향 보살님이 공양을 올린다. 월요일 점심공양은 발심행 보살님·보조 선덕향 보살님, 저녁공양 보륜월 보살님·보조 반야행 보살님, 화요일 점심공양은 무량심 보살님·보조 환희성 보살님, 저녁공양은 백련화 보살님·보조 광명화 보살님, 수요일 점심공양은 실상화 보살님·보조 도피안 보살님, 저녁공양은 여래향 보살님·보조 지광심 보살님, 목요일 점심공양은 인지향 보살님·보조 발심행 보살님, 저녁공양은 정각심 보살님·보조 여래향 보살님, 금요일 점심공양은 대광명 보살님·보조 여래화 보살님, 저녁공양은 지혜월 보살님·보조 대각월 보살님, 토요일 점심공양은 일진심 보살님·보조 일화성 보살님, 저녁공양은 일오성 보살님·보조 능인화 보살님, 일요일 점심공양은 도피안 보살님·보조 미림향 보살님, 저녁공양은 등각월 보살님·보조 일진행 보살님이 공양을 올린다.

일주일 동안 공양주·채공 사시는 보살님들께서는 욕심을 버리고 복덕을 심는 수행으로 공양 올린다.

녹야원 수행자

부처님 당시 녹야원에 다섯 비구가 있었는데, 재齋공양 준비반도 처음에 5명이어서 녹야원이라 하였다. 이제는 손이 모자라서 6명이 되었다.

여래화 보살님, 실상화 보살님, 환희성 보살님, 발심행 보살님, 반야행 보살님, 선덕향 보살님이 하나 되어 위로는 부처님과 보살님께 공양 올리고 스님들께 공양한 공덕으로 이 세상 모든 생명들이 행복하기를 발원한다.

보리살타 금빛학교 봉사단

부모님께 효도하는 자식처럼 보리살타 금빛학교 원주 소임을 보는 보리심 보살님과 봉사자들은 제불보살님께 불공하는 마음으로 월요일부터 금요일까지 봉사한다.

월요일 강의는 사군자와 고전무용이다. 정법행 보살님의 사군자 교육과 본원심 보살님의 고전무용 수업이다. 봉사자는 일오성 보살님, 장영아 보살님, 이현자 보살님, 김영숙 보살님이다. 화요일 강의는 가곡과 미술 수업으로, 가곡은 가릉빈가 보살님, 관음조 보살님의 수업이며, 미술 수업은 정각심 보살님이다. 봉사자는 보륜월 보살님, 실상화 보살님, 미래공 보살님, 반야행 보살님, 행인월 보살님에 이어 수요일 강의는 단전과 가요다.

단전 수업은 해인심 보살님, 가요는 이영희 보살님의 수업이다. 봉사자는 대법행 보살님, 김옥규 보살님, 법연향 보살님, 법심화 보살님이며 목요일은 명상과 물리치료 교실이다.

명상은 연꽃동산 김진 원장님, 물리치료는 정윤실 보살님이다. 봉사자는 미타월 보살님, 길상화 보살님, 환희월 보살님, 지광심 보살님, 한혜원 보살님이며, 금요일 수업은 요가와 척추교정이다.

요가에는 선계연 보살님, 척추교정은 무도관 곽태신 회장님 치료다. 봉사자는 대자행 보살님, 김경분 보살님, 김광숙 보살님, 이정숙 보살님, 김창용 거사님이며, 보리살타 차량봉사자는 일오성 보살님, 보륜월 보살님, 능공행 보살님, 길상화 보살님, 강병모 거사님들이 운행하고 있다. 금빛학교는 보리살타들의 봉사수행으로 바라밀다를 성취한다.

커피, 음료수 판매수익 봉사자

받는 불교에서 주는 불교로 변화하기 위해서는 항상 경제의 힘이 필요하다. 사회복지를 위해 할 수 있는 가장 작은 실천은 사찰에 커피판매기를 설치하는 일이었다. 처음에는 사중에서 시작하여 산에서 시간을 보내며 커피 드시는 분들에게 경로잔치 관광을 보내드렸다. 묘각화 보살님이 몇 년 동안 맡아 평택에서 가장 깨끗하고 맛있는 커피라는 명성을 얻게 되었다.

2대 소임은 반야심 보살님이 하게 되었는데, 얼마나 정성을 다하였는지 봉사의 손이 모자라는 장소에는 늘 초청되어 이곳 저곳에서 봉사를 한다.

3대 소임은 청정심 보살님이 봉사하였다. 지극한 정성으로 알뜰함과 최선을 다한 공덕은 2007년 한 해 처음으로 200만 원이란 수익금을 거둬 사회복지기금으로 회향하였다.

이제 보현조의 반야행 보살님은 자식을 돌보는 마음으로 이 땅에 진리를 깨닫지 못한 이들의 갈증을 자비수로 채워주며 발원한다.

"이 차를 드신 모든 분은 꼭 행복하세요."

인욕 봉사자

삼복더위에 불을 때며 두부를 만든다. 스님들의 건강을 위해 콩으로 만든 두부는 중요한 영양식이다. 묘행월 보살님께서 매주 수고하신다. 보살님의 얼굴에 흐르는 땀방울이 불심에 스며든다. 오늘도 내일도 두부는 거룩한 불심이 되어 대중의 건강을 지킨다.

대자대비 인간 사랑에서 모든 생명에 대한 대승의 큰 사랑으로 회향된다.

목욕차 봉사단

극노인과 장애인들에게 목욕 봉사를 하고 있는 보현행원단은 신광명월 보살님이 단장, 성대법행 보살님이 부단장을 맡고 있다. 유일진심 보살님, 김옥규 보살님, 법연향 보살님, 법심화 보살님, 여래향 보살님과 거사회 강병모, 조경섭, 이종범, 김도상, 김연석 봉사자들은 목욕차 운행시 목욕 봉사자로 활동을 하고 있다.

학생회 지도 봉사자

명법사 산사음악회에서 공연을 하는 학생회·보리회의 댄스는 전문가 수준이다.

보리회 김연웅 불자는 학생회 당시 삼천배로 신심을 다졌고 군복무 중에는 지하실에 방치된 불상을 작은 법당에 모시고 예불을 올렸다. 제대 후 동국대학에 다시 입학 하여 원력을 세우고 학생회와 보리회에서 학업지도와 찬불가, 댄스, 연극, 뮤지컬에 이어 작곡도 하고 있다. 이 시대 불공과 기도를 아는 젊은 불자다.

애기봉사자 부부

명법사에 귀의한 지 얼마 안 되었으나 부군인 김상호 거사님은 5계 중 "술 마시지 마라"는 계율을 실천하였고, 부인인 능인화 보살님은 일주일에 한 번씩 연꽃동산에서 주산과 암산을 봉사하며 스님 시자를 살고 있다.

명법사 원주 지혜월 보살님

지혜월 보살님은 보리살타 수행 정진하는 불자들 단복도 만들며 명법사 원주 소임을 본다.

항상 본인이 부족하다고 하며 오늘도 열심히 수행한다. 이 큰 살림이 벅차기도 하건만 지극히 정성을 다한다.

명법사 신행단체信行團體

거사회

이 세상에서 가장 멋진 사나이들이 모인 명법사 거사회의 거목이신 우관재(덕산) 회장님은 사찰의 큰 시주자인 동시에 검소함 또한 누구도 비교할 수 없을 만큼 유명하시다.

불교 신행에 귀감이 되는 문선각 법사는 각종 법회에 사회를 도맡아 하시고 거리의 포교사로 활동하며 명법사의 법사로서 최선을 다하고 있다. 거사회 합창단 창립 당시 힘든 일도 있었으나 신도회 합창단과 대형 무대에서 불음을 전하는 데도 큰 몫을 하고 있다.

사월초파일이 되면 거리에 전기를 직접 설치하고 연등을 다는 모습은 법당에서 기도 올리는 모습과 다르지 않다.

삼풍백화점이 붕괴되었을 때 거사회와 청년회는 가스통을 등에 메고 지하에서 봉사활동을 했다. 당시 매일 쇠고기 100근을 제공하고 김장 때처럼 하루 100포기의 김치를 담가 봉사활동을 한 것이 명법사 재난재해 봉사의 시작이었다.

삼풍 사고 이후 대한민국에서 수재, 화재 등의 재난이 생기면 자신의 일처럼 온 정성을 다해 구조 작업에 나서고 있다.

태안 앞바다 기름유출 사고 때에는 기동력을 발휘하여 본사의 칭찬을 받았으며, 각종 재해가 발생할 때마다 봉사의 공로가 커 2007년 소방방재청으로부터 표창장을 받기도 했다.

지역 노인 2,000명이 한자리에 앉아서 식사할 수 있는 대형 천막과 의자와 식탁 등 모든 장비를 다 갖추고 펼치는 경로잔치는 노인분들은 물론 평택 시민들의 칭송을 받고 있다.

명법사 복지재단 설립 후 거사회와 신도회가 하나 되어 목욕차를 운행하며 장애인이나 연로하신 노인들을 위해 봉사하고 있다.

속리산 버섯요리를 경영할 당시 저녁마다 조를 편성하여 청소도 하였다.

복지재단 노인복지시설 보리살타 건축 전기공사도 10개월 동안 퇴근 후와 토요일, 일요일마다 조경섭 거사와 김도상 거사께서 능력 보시를 실천하였다. 그리고 거사회 회원들도 함께 보살행을 수행하여 준공하게 되었다.

진송호 거사는 스티로폼 5층 건물 분량을 2층에 압축하여 만들어 시주하고 매주 부안에서 이곳까지 와서 봉사한다. 이준규 거사는 영상포교를 위하여 큰 행사 때마다 촬영을 하고 법문을 담아 명법사 홈페이지에 올리는 봉사를 하며, 이창경 거사는 홈페이지 운영에 물심양면으로 보시하고 있다.

조경섭 거사, 김도상 거사, 장기정 거사, 이종희 거사, 민경호 거사는 항상 사찰행사 때 큰 주축이 되어 봉사에 매진한다.

사찰 안 일은 신도회가 노를 젓고, 사찰 밖의 일은 거사회가 노를 저어 대승불교의 반야용선은 항상 거침없이 돛을 올려 출항한다.

명법사 합창단

화음을 맞추는 것만큼이나 신행생활을 잘하는 불자들의 기도는 지극한 합창연습을 시작으로 합창단 창단을 이끌어냈다.

단원 개인과 전체가 하나 되는 화음으로 우리 가족의 행복에서부터 모두가 행복한 대승불교의 이근원통의 인을 심는 데는 보살행의 원력들이 숨어 있다.

긴 세월 동안 뒤에서 합창단을 위하여 후원해 온 대원력의 주인공인 후원회장 대원행 보살님과 말없이 단원들을 이끌어 오신, 불명 그대로 원력심 단장님의 공로가 고스란히 깃들어 있다.

명법사 찬불가 포교사인 가릉빈가 보살님! 초창기 땐 반주를 하셨고 불명만큼 아름답고 고운 목소리로 법회 때마다 부처님 말씀을 찬불가로 가르치신다. 그 원력으로 명법사의 신도들은 찬불가를 모르는 이가 없다.

관음조 보살님! 이 땅에 대승불교의 점심을 하겠다는 스님의 원력을 따라 이곳까지 오면서 인고의 시간을 함께 했다.

이 시대에 욕심을 버리고 불살생을 실천하기 위해 고기와 오신채도 먹지 않고 계를 지키는 한 가족을 탄생시켰으며, 그 원동력으로 불국토를 성취할 꿈을 반주한다.

혜지성 보살님! 단원들을 이끄는 총무 소임을 말없이 수행한다.

행복한 화음을 항상 가족에게 전하는 단원들!

이 땅에 화엄의 꽃을 피우는 보현의 행자들이 모이다 보니 명법사는 젊은 불교를 성취하는 데 합창단의 역할이 그 무엇보다 컸다.

레코드, CD, DVD 제작은 물론 초청공연과 보현행원송, 그리고 부모은중경송을 이 땅에 전파하였다.

신행의 꽃으로, 신행의 소리로 나투었으니 모든 중생들이 욕심을 버리면 행복할 수 있는 진리의 향기가 오늘도 사바세계에 그윽하게 울려 퍼진다.

어린이회, 학생회, 청년회

어린이회와 학생회가 창립된 지 33년이 되었다. 그때 어린이들은 지금 성인이 되었고 학생회 회원들 중에는 출가한 분도 있다.

태고종 법현 스님은 불교 레크레이션을 처음 도입하신 분으로, 종단에서 중책을 맡아보고 있으며 열린선원을 개원하고 포교와 수행에 열심이다.

학생회에서 배출한 정치인, 검사, 변호사, 의사, 사업가 등이 지금도 많은 후원을 하며 큰 보탬이 되고 있다.

어린이회는 매주 일요일 오전 10시에 마하연 법사님의 지도하에 법회를 열고 있으며 여름불교학교가 열리면 250명의 어린이들이 수련회에 참가한다.

학생회는 의현 스님의 지도 하에 일요일 11시에 법회를 열며, 어린이법회를 거쳐서 올라온 희망의 불자들이 불심을 키우고 있다.

청년회는 보리회(대학생)로 구성되어 있으며, 사찰행사와 봉사를 통해 미래의 동량들이 부처님 말씀을 실천하고 있다.

명법사 농악단

단장 신혜인심 보살님과 단원 유환희심, 염부귀, 정상희, 이미자, 최원숙, 이옥희, 양옥진, 이맹심, 이영하 보살님이 있다. 10년이란 세월이 지나도록 항상 명법사 행사 때마다 선두에 서서 대중에게 즐거움과 기쁨을 주는 인기 연예인들이다. 대부분 연세가 드셔서 단원들은 줄었지만 언제나 신도님들 곁에서 수고하시는 봉사자들이다.

명법사 산악회

봉사자들이 여가를 활용해 그동안 열여덟 개의 산을 산행하게 되었다. 양태식 회장님은 풍부한 등반 경험으로 회원들을 안전하게 인도하며, 고문 윤종우 거사님은 회원들의 친선에 산소와 같은 분으로 산행의 기쁨을 배가시킨다.

드럼 연주반

드럼으로 중생의 번뇌를 날린다. 일오성 보살님은 원력을 세우고 드럼을 포교의 방편으로 삼았다. 윤덕영 씨의 교습은 보리회, 학생회까지 전수되어 이 시대 포교에 큰 보탬이 되고 있다.

명법사 축구단

명법사 청소년 대 거사회의 축구 경기는 힘들고 피곤한 수행자들에게 기쁨을 준다. 이제 김종현 단장님을 필두로 보리회와 학생회가 실력을 갖출 계획이다. 이 인연으로 거사회와 청소년 팀은 운동장에서 친목을 다진다.

고전 무용반

현재도 보리살타에서 수고하시는 차본원심 보살님께서 매주 수요일 오전 10시 30분에 명법사 회관에서 신도님들을 대상으로 고전무용 수업을 한다.

명법사 사회복지社會福祉

명법사 사회복지재단

좋은 일이 있을 때나 불사 하나 성취할 때마다 노스님이 생각난다. 사찰 창건 당시 살림이 너무 어려워 방 안에서도 얼굴이 동상에 걸려 진물을 흘리셨다. 이 땅의 포교를 위해 애쓰시던 스님의 뜻을 이루기 위하여 사회복지재단을 설립하게 되었다.

복지재단 인허가를 위하여 애써 주신 김학규 거사님의 불공은 피곤한 나에게 보약이 되었으며, 작은 보시금들을 모으고 모아 6천만 원을 보시하신 혜철 스님의 보시금은 함께한 그 뜻이 무엇보다도 크다.

작은 정성이 모여 5억 원이라는 돈을 마련하고 보니 정말 큰 기쁨이었다. 발원이 크면 성취한 불사도 큰 것이 이치이다. 사회복지를 하려면 재정이 필요한데, 어떻게 재정을 준비할 것인가에 대한 고민은 신협을 운영해야겠다는 결정을 낳게 했다.

하지만 일을 맡아 보는 사람들에게 월급을 주며 운영하려면 얼마나 지탱할 수 있을까의 문제에 대해 무상행 보살님이 답을 주었다.

부군 강병모 거사에게 불사를 권유하며 사라수대왕처럼 원앙가를 지어 주었다.

"욕심을 버리기 위하여 수행자가 되세요."

"사회복지재단을 돕기 위하여 수행자가 되세요."

"우리가 계를 지키고 욕심을 버리는 삶으로 봉사한다면 모두가 다 욕심을 버릴 것입니다."

"무욕의 원력으로 보살행을 실천한다면 불국세계가 이루어질 것입니다."

무상행 보살님 부부는 오신채와 고기를 먹지 않으며 욕심 버리는 삶을 산다.

그러다 보니 강병모 거사는 과거 증권사 지점장을 지냈던 모습은 사라지고 명법사의 머슴이 되어 있었다. 그리고 이렇게 변화하고 나서야 행복한 은행을 시작하는 실마리를 찾게 되었다.

비난과 갈등 위에서 중심을 잡으니 이해와 부러움이 신도들

사이에 싹텄다.

아울러 사회복지대학을 졸업하고 보리살타 건축 현장에서 수행하다 보니 보리살타(교육관)가 완성되었고, 금빛학교 봉사자로도 활동한다. 그는 이 땅에 불국세계를 이루는 그날까지 무상행 보살이 준 원앙가를 부를 것이다.

맑고 향기로운 연꽃동산 어린이집

30년을 기다리던 유치원 설립은 사찰 부지 매입이라는 경제적인 문제로 인해 어린이집부터 시작해야 했다.

하지만 그 아픈 추억들이 오히려 지금에 와서는 넓은 운동장을 갖추고 정부의 지원을 받아서 다시 회향할 수 있는 기쁨을 만들었다. 이 모든 기쁨 안에는 그 뜻을 받들어 오신 마하연 원장님의 노력이 있었다. 12년 동안 어린이 법회를 맡아 왔고, 1998년에는 어린이집 원장으로 부임했다. 미술대학원을 졸업하고 다시 평택대 사회복지학과 대학원을 졸업하였다. 한국 심리학명상 박사 학위를 취득하였으며, 『명상아 놀자』를 출판하였다.

이러한 힘을 키울 수 있었던 뒤에는 공로자인 부군이 있다.

힘겹게 어린이집과 장애아동주간보호센터를 운영하며 목숨도 버린 스님을 위하여 연꽃동산의 숨은 봉사자가 되어 급여도 없이 시작한 원력의 주인공이다.

'어린이집, 유치원 중 최고 재정의 교육도량이 될 때까지만 도와야지. 이 건물만 지어드리고 그때 나가면 되겠지.' 하였으나 스님과 원장님의 대원력의 꿈을 위해 오늘도 인욕 수행을 계속하고 있다.

연꽃동산은 이제 그 꿈을 이루어 주변 초등학교 선생님들이 서울대학교라는 별명을 붙여줄 만큼 인정을 받고 있다. 보리살타들이 태권도, 다도, 서예 등 다양한 분야에서 각자의 능력을 발휘하여 봉사를 통해 대한민국 최고의 유아교육 프로그램을 운영하는 유아학교를 실현시킨 원력의 현장이다.

만다라

진리의 체·상·용에서 굳이 표현하라면 상(相; 모양)이라고 하겠다. 사회복지란 이 세상이 행복해지는 사업 아니겠는가? 받는 불교에서 주는 불교로 변화하기 위해서는 재정이 필요하다. 모든 일의 원동력은 경제에서 비롯된다. 그러나 욕심으로 그 힘이 가해졌을 때 복지가 아닌 재앙이 된다는 것을 깨닫는 데 긴 시간이 필요했다.

불교용품점 이름을 '만다라'라고 한 것은 이 땅을 행복하게 하는 그 길을 인도하는 장소라는 의미를 나타낸 것이다.

만다라를 경영하는 거사님은 합창단 관음조 보살의 부군이다. 한때 대기업의 중역을 지내신 품위가 넘치는 분으로 만다라의 큰 의미를 더 거룩하게 이미지화 하는 분이다. 만다라는 사회복지재단 1층에서 부처님을 믿고 신행생활을 하는 데 필요한 용품을 진열, 판매한다.

거사회의 일원이며 봉사자로서도 큰 몫을 하실 뿐 아니라, 이 땅 모두가 탐욕을 버리고 계를 지키며 선재동자로 태어나게 하겠다는 원력을 세웠다.

오늘도 만다라는 무욕의 삶과 행복을 회향하는 대승불교의 꽃이 되어 행복할 보리살타들을 기다리고 있다.

우담바라 꽃꽂이반

부처님께 꽃 공양을 올릴 수 있는 인재를 키워 주시는 분이 계시다. 부군께서 평택시장을 지내셨으며 명법사가 무허가로 위기에 처했을 때 해결해 주기도 하셨던 이대원행 보살님이다.

시민들의 눈물을 닦아 주고 명법사의 호법신이 되어 주는 시장님 내조하기도 바쁠 텐데, 경기도 서예 심사위원을 지낼 만큼 뛰어난 실력으로 연꽃동산 어린이집에서 서예도 가르치신다.

신도님들께 매주 수요일마다 꽃꽂이를 가르치시는 이대원행 보살님의 원력은 많은 지도자를 배출했다. 이제는 타 종교인들도 사찰에 나와서 꽃꽂이를 배우기도 한다. 이로 인해 이웃종교까지도 함께 할 수 있는 대승불교의 꽃, 아름다운 화엄의 세계를 오늘도 이 땅에 꽃 피우고 있다.

보리살타 금빛학교

봉사자들의 노후를 위하여 보리살타를 창건하게 되었다. 매월 봉사자들이 한자리에 모여서 발우공양도 하고 법문도 듣고 참선 수행도 한다. 노인주간 금빛학교를 개원하여 월요일에서 금요일까지 생활영어, 요가, 명곡, 가요, 명상, 물리치료 등을 수업한다.

보리살타 운영비는 명법사 복지재단에서 후원하고, 강사들도 명법사 신도님들 중에서 큰 서원을 세운 보리살타들이 초청된다. 아침저녁 출·퇴근 봉고 운행에서 점심식사 및 청소 봉사까지 보리살타들의 보살행은 이어진다.

행복한 은행

은행을 개설한 지 벌써 3년이 되었다. 신협으로 사회복지 회향을 생각하였지만 조건이 맞지 않아 포기한 인연이 오히려 사회복지 안에서 '행복한 은행'을 개설하게 되었다. 봉사자들 중 꼭 필요한 분들에게는 행복한 은행에서 담보 없이 대출해준다. 행복한 은행의 인연 연기로 평택시에는 민생은행으로, 나라에는 미소은행으로 화엄의 세계가 펼쳐졌다.

아가동산 어린이집

맑고 향기로운 연꽃동산 어린이집의 모태 안에서 영아들을 전담하는 아가동산이 탄생하였다.

이로써 명법사는 요람인 아가동산에서 노후를 보낼 보리살타 금빛학교까지 대승불교 수행도량을 갖추게 되었다.

바쁜 사회생활로 출산을 걱정하는 젊은 부모들에게 희망과 꿈을 안겨주고, 출생한 영아들에게는 행복한 환경에서 건강하게 자랄 수 있는 아가동산은 불교사회복지의 꿈을 실현하는 도량이다.

아가동산의 설립은 명법사 사회복지법인 내 행복한 은행의 자금과 연꽃동산 원장님의 후원, 인허가 고충을 해결해 주신 김정환 거사님의 수고, 그리고 이곳까지 함께 한 보리살타들의 공덕으로 이룰 수 있게 되었다.

아가동산 원장님 내외분의 발원은 사라수 대왕과 원앙부인의 원력처럼 대승의 꽃이 되어 이 땅의 불국토를 성취할 것이다.

법장 화정 스님은

불교의 불모지라 불리던 평택에서 명법사를 일궈내며, 부처님의 가르침을 펴고 있다. 1966년 순형 스님을 은사로 출가해 선원과 강원을 오가며 수행한 끝에 생生과 사死의 집착에서 벗어났으며, 너와 내가 함께 가는 대승불교의 서원을 세워 실천하고 있다.

현재 대한불교조계종 명법사 회주, 재단법인 명법사복지재단 이사장, 평택육영재단 이사, 평택경찰서 경승위원, 삼선불전승가대학원 운영위원장 등의 소임을 맡아 활동하고 있다.

법장 화정 스님의 원력을 바탕으로 명법사는 영유아 보육에서부터 맑고 향기로운 연꽃동산 어린이집, 노인을 위한 보리살타 양로시설까지, 복지 전반을 갖춘 지역의 중심사찰로 위치하고 있다.

대승불교 점심 - 증보판

초판 발행 2011년 9월 30일 | **증보판 발행** 2014년 3월 13일

지은이 법장 화정 | **펴낸이** 김시열

펴낸곳 도서출판 운주사

(136-034) 서울시 성북구 동소문로 67-1 성심빌딩 3층

전화 (02) 926-8361 | **팩스** 0505-115-8361

ISBN 978-89-5746-287-4 03220 값 20,000원

http://cafe.daum.net/unjubooks 〈다음카페: 도서출판 운주사〉